**Leitura e interpretação
de textos historiográficos**

inter
saberes

Leitura e interpretação de textos historiográficos

Lorena Avellar de Muniagurria
Bruno de Macedo Zorek

2ª edição

Rua Clara Vendramin, 58 . Mossunguê
CEP 81200-170 . Curitiba . PR . Brasil
Fone: (41) 2106-4170
www.intersaberes.com
editora@intersaberes.com

Conselho editorial	*Edição de texto*
Dr. Alexandre Coutinho Pagliarini	Monique Francis Fagundes Gonçalves
Dr.ª Elena Godoy	*Capa*
Dr. Neri dos Santos	Luana Machado Amaro (*design*)
M.ª Maria Lúcia Prado Sabatella	W. Phokin e Zaksheuskaya/
Editora-chefe	Shutterstock (imagem)
Lindsay Azambuja	*Projeto gráfico*
Gerente editorial	Bruno de Oliveira
Ariadne Nunes Wenger	*Diagramação*
Assistente editorial	Maiane Gabriele de Araujo
Daniela Viroli Pereira Pinto	*Iconografia*
	Palavra Arteira

Dados Internacionais de Catalogação na Publicação (CIP)
(Câmara Brasileira do Livro, SP, Brasil)

Muniagurria, Lorena Avellar de
  Leitura e interpretação de textos historiográficos / Lorena Avellar de Muniagurria, Bruno de Macedo Zorek. -- 2. ed. --Curitiba, PR : Editora Intersaberes, 2023.

  Bibliografia.
  ISBN 978-85-227-0483-5

  1. História – Estudo e ensino 2. História – Metodologia
  3. Historiografia – Pesquisa 4. Historiadores 5. Leitura – Estudo e ensino
  I. Zorek, Bruno de Macedo. II. Título.

23-142736   CDD-907.2

Índices para catálogo sistemático:
1. Historiografia   907.2
    Eliete Marques da Silva – Bibliotecária – CRB-8/9380

1ª edição, 2017.
2ª edição, 2023.
Foi feito o depósito legal.

Informamos que é de inteira responsabilidade dos autores a emissão de conceitos.

Nenhuma parte desta publicação poderá ser reproduzida por qualquer meio ou forma sem a prévia autorização da Editora InterSaberes.

A violação dos direitos autorais é crime estabelecido na Lei n. 9.610/1998 e punido pelo art. 184 do Código Penal.

Sumário

9 *Organização didático-pedagógica*
13 *Apresentação*

Capítulo 1
19 **Elementos básicos para a análise de textos historiográficos**

(1.1)
22 Historicidade dos textos historiográficos

(1.2)
28 Identificação dos contextos gerais

(1.3)
36 Identificação dos contextos intelectuais

Capítulo 2
47 **Pensamento social no século XX**

(2.1)
51 Da crença na razão e no progresso à falência das grandes ideologias

(2.2)
58 Modelos para pensar o social

(2.3)
68 Do sujeito universal à diversidade: proliferação de agendas
e emergência de novas vozes

Capítulo 3
81 **Tradições historiográficas europeias
no século XX**

(3.1)
84 França: escola dos Annales

(3.2)
89 Alemanha: escola de Frankfurt

(3.3)
95 Inglaterra: *New Left*

(3.4)
100 Outras tradições

Capítulo 4
113 **Historiografia brasileira: pré-profissionalização**

(4.1)
117 Instituto Histórico e Geográfico Brasileiro
e Francisco Adolfo Varnhagen

(4.2)
123 Capistrano de Abreu

(4.3)
127 Gilberto Freyre

(4.4)
132 Sérgio Buarque de Holanda

(4.5)
137 Caio Prado Jr.

Capítulo 5
149 **Historiografia brasileira contemporânea**

(5.1)
152 Profissionalização dos historiadores brasileiros

(5.2)
158 Temáticas clássicas revisitadas

(5.3)
171 Novas temáticas

191 *Considerações finais*
193 *Referências*
203 *Bibliografia comentada*
211 *Respostas*
213 *Sobre os autores*

Organização didático-pedagógica

Esta seção tem a finalidade de apresentar os recursos de aprendizagem utilizados no decorrer da obra, de modo a evidenciar os aspectos didático-pedagógicos que nortearam o planejamento do material e como o aluno/leitor pode tirar o melhor proveito dos conteúdos para seu aprendizado.

Introdução

Logo na abertura do capítulo, você é informado a respeito dos conteúdos que nele serão abordados, bem como dos objetivos que os autores pretendem alcançar.

Síntese

Você conta, nesta seção, com um recurso que o instigará a fazer uma reflexão sobre os conteúdos estudados, de modo a contribuir para que as conclusões a que você chegou sejam reafirmadas ou redefinidas.

Atividades de autoavaliação

Com estas questões objetivas, você tem a oportunidade de verificar o grau de assimilação dos conceitos examinados, motivando-se a progredir em seus estudos e a se preparar para outras atividades avaliativas.

Atividades de aprendizagem

Aqui você dispõe de questões cujo objetivo é levá-lo a analisar criticamente determinado assunto e aproximar conhecimentos teóricos e práticos.

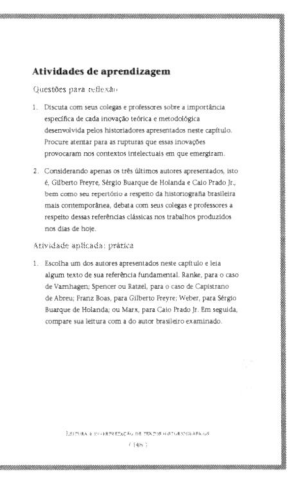

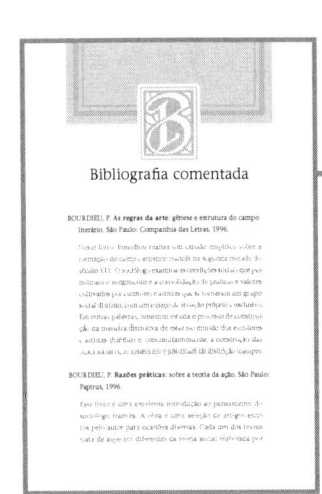

Bibliografia comentada

Nesta seção, você encontra comentários acerca de algumas obras de referência para o estudo dos temas examinados.

Lorena Avellar de Muniagurria e Bruno de Macedo Zorek

Apresentação

Quando você se depara com a questão "O que faz um historiador?", talvez responda (ou ouça respostas de outras pessoas) que esse profissional pesquisa, estuda, escreve, leciona, enfim, faz história. Nenhuma dessas respostas está errada, afinal, como historiadores, realizamos todas essas atividades. Contudo, ao observarmos com mais atenção o cotidiano, percebemos que uma prática específica se sobressai no exercício de nossa profissão: a leitura. No final das contas, o título deste livro – *Leitura e interpretação de textos historiográficos* – é também uma resposta àquela pergunta. E talvez seja esta a melhor definição do nosso trabalho: somos leitores e intérpretes, ou melhor, somos **leitores profissionais**.

Diante disso, você poderia se perguntar: "Qual é a diferença entre um leitor comum e um leitor profissional?". Fundamentalmente, as leituras profissionais são trabalhosas. Um bom leitor profissional consegue articular grande quantidade de referências auxiliares a uma análise textual, mas ele só conseguirá realizar essa façanha se estiver disposto a reunir e organizar essas referências cada vez que analisar uma obra.

Essa atividade exige que, além de nos debruçarmos sobre o texto-base, busquemos informações a respeito da vida do autor, do contexto em que ele produziu a obra, de suas referências, do universo intelectual em que estava imerso e de uma série de outros dados que, conforme nossas intenções, são pertinentes à situação.

Considerando a importância dos temas supracitados, apresentaremos, neste livro, um conjunto de sugestões sobre como realizar essas leituras. Ressaltamos que esta obra, como um todo, pode ser descrita como um conjunto de verbetes introdutórios sobre cenários intelectuais. A ideia é indicarmos alguns dos principais movimentos historiográficos do século XX, de modo a compor um mapa geral a ser utilizado por você em seus exercícios de análise e interpretação de textos historiográficos e que merecem ser aprofundados conforme as leituras e as pesquisas particulares que vier a enfrentar.

No Capítulo 1, trataremos dos procedimentos básicos que, acreditamos, servirão para a maioria das análises textuais que você precisará fazer ao longo do curso de História e, em seguida, em sua vida profissional. Na sequência, apresentaremos uma metodologia relativamente simples para identificar contextos gerais e intelectuais, além de algumas considerações sobre a natureza histórica dos textos, historiográficos ou não.

O tom do livro muda no Capítulo 2. Após sugerir como fazer a leitura de textos, passaremos a apresentar, de maneira resumida, os contextos intelectuais mais importantes do século XX, com base no ponto de vista da historiografia brasileira mais consolidada. Sobre esse aspecto, ressaltamos que, devido à restrição de espaço aqui disponível, nossa seleção é inevitavelmente parcial. Para construí-la, levamos em conta, em primeiro lugar, as referências mais recorrentes entre os historiadores brasileiros, conforme o que consta na literatura, bem como nos programas de disciplinas da maioria dos cursos de História do país. Um conjunto grande de obras teve de ser deixado de fora, mesmo porque seria impossível contemplar toda a produção intelectual do século XX. Ainda assim, acreditamos que nossas escolhas são, no mínimo, úteis, pois cobrem boa parte dos grandes clássicos.

Assim, o Capítulo 2 foi construído de modo a abordar uma série de grandes linhas de força que organizaram as principais correntes de pensamento social durante o século XX e o início do XXI. Nosso objetivo ao fazer isso é demonstrar que, ao ler a obra de um historiador particular, você deve ter em mente alguns elementos que o auxiliem a situá-lo não apenas no interior da historiografia (contexto de produção mais imediato a ser considerado), mas também no conjunto de problemáticas e tendências mais gerais voltadas a intelectuais e profissionais das ciências humanas e sociais. Dessa forma, optamos por estruturar esta parte da obra com base na análise dos movimentos de crítica e revisão do **paradigma iluminista moderno**, particularmente os questionamentos a três de suas premissas: a crença no progresso por meio do uso da razão; a maneira como era concebida a relação entre o homem, a sociedade e a natureza; e a convicção na existência de um ser humano universal. Você perceberá como, dada a centralidade do ideário iluminista para a conformação da modernidade ocidental e dos paradigmas científicos que estiveram em voga no início do século XX, a revisão desses pressupostos teve importantes impactos e desdobramentos no campo do pensamento social, pois implicavam novos entendimentos de ciência, objetividade, realidade, ser humano e sociedade.

No Capítulo 3, para usar uma metáfora cara ao historiador francês Jacques Revel (1998), diminuiremos a escala de análise. Deixaremos as grandes linhas mundiais e passaremos a analisar um conjunto de contextos intelectuais específicos de algumas nações. No caso da França e da Inglaterra, focaremos especificamente naquilo que estava movimentando o universo dos historiadores desses países.

No caso da Alemanha, não analisaremos diretamente a obra de historiadores, pois optamos por focar especialmente na Escola de Frankfurt – grupo de estudiosos que se constituiu como uma das grandes referências teóricas de todas as ciências sociais. Por fim, analisaremos um conjunto de outros movimentos historiográficos, mais difíceis de serem localizados em contextos nacionais e que são referências importantes para a produção brasileira.

No Capítulo 4, reduziremos ainda mais a escala de análise. Os objetos de nossa apreciação passam a ser obras de alguns historiadores brasileiros que marcaram a produção nacional na segunda metade do século XIX e na primeira do século XX. Uma de nossas intenções ao variar as escalas de análise é demonstrar para você como é possível articular contextos mais gerais com contextos intelectuais, institucionais, chegando às trajetórias de indivíduos específicos. Os autores que apresentaremos neste capítulo são alguns dos principais clássicos da historiografia brasileira: Francisco Adolfo Varnhagen, o grande historiador do Instituto Histórico e Geográfico Brasileiro (IHGB) no século XIX e autor de uma monumental *História geral do Brasil*; João Capistrano de Abreu, que inovou a produção historiográfica brasileira, rompendo com o modelo representado por Varnhagen e introduzindo o tema da ocupação dos sertões brasileiros e a análise da cultura material; Gilberto Freyre, provavelmente o escritor e ensaísta brasileiro mais reconhecido no exterior, que trouxe a questão cultural para o centro de suas preocupações; Sérgio Buarque de Holanda, fino intérprete do Brasil, que se valeu do culturalismo alemão, da sociologia weberiana e de uma série de outras referências para produzir suas obras; e, finalmente, Caio Prado Jr., o primeiro historiador brasileiro a fazer uma interpretação marxista de nossa formação.

No Capítulo 5, continuaremos a discutir a historiografia brasileira, mas alternaremos novamente nossa escala e nos deslocaremos no tempo: em vez de focalizarmos autores individuais, ofereceremos uma análise do desenvolvimento institucional da História no país e mapearemos as principais tendências e temáticas colocadas à disciplina a partir da segunda metade do século XX. A escolha por uma apresentação de caráter mais institucional e coletivo é efeito do próprio processo de profissionalização dessa área do conhecimento. Você verá como, acompanhando a institucionalização e a proliferação de centros de ensino e de pesquisa, a produção historiográfica brasileira cresceu exponencialmente, assim como se diversificou, tanto em termos temáticos quanto de abordagens teóricas e metodológicas, configurando-se e consolidando-se efetivamente como um campo de pesquisa profissional.

Capítulo 1
Elementos básicos para a análise de textos historiográficos

Nesta obra, partimos do consenso de que o trabalho dos historiadores implica, em grande medida, a leitura e o diálogo com a produção historiográfica já existente e que se trata de uma leitura especializada, ou profissional. Nesse sentido, é necessário que, para iniciar uma leitura como esta, você considere as seguintes questões: "Quais são as especificidades da leitura acadêmica? Que elementos devem ser levados em conta? Há alguma sistemática ou metodologia específica a seguir?".

Nosso objetivo neste capítulo é discutir os elementos básicos de análise de textos historiográficos. Para tanto, precisamos apresentar, primeiramente, o partido teórico adotado neste livro, que foi a base pela qual delineamos a metodologia de leitura que sugerimos como técnica fundamental.

Iniciaremos a discussão da abordagem teórica na primeira seção, ponto do livro em que trataremos da nossa principal premissa: o fato de os textos historiográficos serem produto de contextos históricos específicos – quer dizer, de que eles têm historicidade. Também apresentaremos as principais consequências dessa abordagem para a leitura e a interpretação dos textos, em contraste com outras posturas teóricas possíveis. Mostraremos que a opção adotada neste livro, embora não seja exclusiva dos historiadores, é característica de nossa área e, em certa medida, diferencia nosso trabalho do realizado em outras disciplinas.

Na segunda seção, discutiremos as relações dos contextos mais gerais com o trabalho de historiadores e delinearemos algumas indicações de como eles podem ser levados em consideração quando você estiver realizando leituras de textos historiográficos.

Na terceira seção, trataremos de um tipo de contexto que, apesar de ser ainda amplo e complexo, é mais específico: referimo-nos aos contextos intelectuais que, como veremos, têm implicações diretas com o trabalho historiográfico.

Finalmente, traremos algumas questões gerais para reflexão, com base em algumas pequenas pesquisas e leituras cruzadas sobre intelectuais que não são historiadores, embora sejam referências fundamentais para nossa área.

Ao final da leitura deste capítulo, esperamos que você tenha compreendido quais são os elementos fundamentais para a leitura crítica de qualquer texto historiográfico.

(1.1)
HISTORICIDADE DOS TEXTOS HISTORIOGRÁFICOS

Todo texto é produto de um contexto. Essa afirmação pode parecer prosaica e óbvia, sobretudo considerando o paradigma de leitura dominante entre historiadores – mas, na verdade, não o é. Existem diversas estratégias para se interpretar um texto, e algumas delas, que desfrutam inclusive de grande reconhecimento, se propõem a analisá-lo em si, como um objeto isolado do mundo, ignorando propositalmente seu contexto de escrita e/ou de leitura. Não é o caso discutirmos aqui os valores das várias tradições de leitura existentes nem estabelecer quais seriam as "melhores" ou mais "corretas" estratégias de interpretação, posto que cada uma conta com vantagens e desvantagens. Na verdade, de acordo com os objetivos e as intenções de quem está lendo, valerá a pena adotar determinada estratégia ou outra. De qualquer forma, existe uma tradição mais usual no universo da história, e ela parte da premissa inicial que estabelecemos: todo texto é produto de um contexto. Isso significa, para os interesses mais imediatos deste livro, que todo texto historiográfico, além de discutir o tema histórico que toma por objeto, tem também a própria historicidade, sendo, ele próprio, produto de um contexto. Portanto, o primeiro passo a dar quando você for analisar uma obra é procurar compreender quais foram as condições de sua produção. Basicamente, isso significa responder a um conjunto de perguntas relativamente simples: "Quando o texto foi produzido? Onde? Quem é sua autora ou seu autor?". Embora essas questões sejam simples, as respostas tendem a ser complexas e necessariamente incompletas – sempre é possível adicionar mais informações sobre determinado contexto, tornando-o mais denso. Além disso, é importante destacar que nem sempre a **produção** de um texto se restringe ou se confunde com sua **escrita**. Conforme o caso, o contexto de **leitura** pode ser o que há de mais significativo.

Por exemplo: se você está investigando as leituras, as interpretações e a tradução que Martinho Lutero fez da Bíblia, é muito mais pertinente estudar sobre as questões e os debates colocados para a cristandade europeia e alemã dos séculos XV e XVI do que entender os contextos em que a Bíblia foi escrita originalmente. Essa observação é especialmente relevante quando os textos em análise são obras historiográficas, afinal, elas correspondem a interpretações particulares que determinados especialistas fizeram sobre o passado, de maneira que é importante entender as condições de produção dessas interpretações. Portanto, a questão central é "Como interpretar as interpretações da história?".

O primeiro passo, como afirmamos anteriormente, é reunir informações sobre o contexto de produção da obra que se está estudando. Feito isso, será necessário refletir sobre como lidar com essas informações. Algumas tradições intelectuais identificam nos contextos de produção a principal chave interpretativa para qualquer texto – uma leitura que tende a encarar os textos como produtos **determinados** pelo contexto. Outras linhas de pensamento, como já mencionado, simplesmente ignoram os contextos e procuram a chave fundamental de interpretação nas próprias obras – uma leitura que identifica os textos como produções a-históricas e livres das influências mundanas. Outras, ainda, tentam pensar as obras, ao mesmo tempo, tanto como produtos quanto como produtoras dos contextos – em vez de determinação pelo contexto ou de independência em relação a ele, nessa leitura entende-se que há interdependência entre ambos.[1] Embora respeitemos e reconheçamos a legitimidade e a pertinência de todas essas tradições, neste livro, adotamos como fio condutor a última das estratégias mencionadas – o que implica, portanto, refletir sobre os textos e os contextos em conjunto.

O terceiro passo, finalmente, é enfrentar os próprios textos. Uma das maneiras possíveis de se começar essa tarefa é explorando a noção de **intenção**.[2] Na leitura de qualquer texto, é de se supor que há sempre três agentes em interação: o autor do texto; seu leitor; e, não menos importante, o próprio texto. Cada um deles entra na relação com os demais por meio de um conjunto de intenções. Quem escreve a obra o faz porque tem algum objetivo: transmitir uma ideia, registrar informações, divertir ou emocionar seus leitores etc. – são inúmeras as possibilidades nesse caso. O mesmo vale para quem lê: essa pessoa pode ser motivada por um universo muito variado de intenções – para se entreter, por ser uma tarefa obrigatória na faculdade,

---

1 *Se você quiser aprofundar mais o estudo das diferentes formas de abordar os textos, sugerimos as seguintes leituras: o artigo "Por uma ciência das obras", do sociólogo francês Pierre Bourdieu (1996c), e o livro* História e verdade, *do filósofo polonês Adam Schaff (1995). Ambos, embora por tradições diferentes, defendem o mesmo tipo de abordagem adotada aqui.*

2 *O escritor, linguista e semiólogo italiano Umberto Eco desenvolve o tema das diferentes intenções (que ele nomeia como* intentio auctoris, intentio lectoris *e* intentio operis*) nos debates reunidos em seu livro* Interpretação e superinterpretação *(2001).*

porque quer se informar sobre dado assunto etc. E toda obra, por sua vez, tem as próprias intenções, que, como as anteriores, podem variar quase infinitamente. Cada interpretação será o resultado da interação entre as diversas intenções em jogo e, portanto, também sujeita a variações das mais diversas.

Para conseguirmos completar esse terceiro passo, teremos de identificar que intenções são essas. A mais fácil, evidentemente, é a intenção do leitor. No entanto, ainda que facilmente defíníveis, é sempre bom pensarmos sobre quais são nossos intuitos quando estamos lendo. A maior parte dos textos tem várias camadas de significados sobrepostas – e o acesso a elas depende justamente das intenções de quem lê. Tomemos, por exemplo, o livro *Formação do Brasil contemporâneo*, publicado em 1942 por Caio Prado Jr., importante historiador brasileiro, que teremos ocasião de examinar com mais vagar adiante, no Capítulo 3. Podemos ler essa obra com a intenção de conhecermos mais sobre o período colonial da história do Brasil, tema central do livro. Outra intenção dessa leitura pode ser a compreensão mais profunda dos usos da teoria marxista na historiografia brasileira – teoria que sustenta a análise do autor. Uma terceira possibilidade é ler com a intenção de identificar os diálogos que Prado Jr. estabelece com os historiadores de seu tempo, tentando compreender como o livro em questão se posicionava nos debates da época. Um quarto possível foco é olhar para a metodologia empregada na construção da obra, pensando, por exemplo, sobre a escolha e o uso das fontes históricas. Esses olhares podem continuar a se multiplicar e, como você deve ter percebido, também podem se somar em uma mesma leitura.

Tendo decidido quais são suas intenções ao ler um texto, a seguinte questão é identificar as intenções do próprio texto. Você pode então se perguntar: "Qual é a diferença entre a intenção de quem escreve e a intenção da própria obra?". Na maior parte dos textos historiográficos, essas duas categorias tendem a se confundir. Contudo, é importante esclarecermos que são coisas diferentes. No limite, nunca podemos ter certeza sobre as intenções do autor de qualquer obra, pois não temos acesso a seus pensamentos, não sabemos o que se passava em sua mente quando escreveu. Mesmo se tivermos a possibilidade de perguntar aos autores quais eram suas intenções ao produzir seus textos, uma série de questões altamente complexas se interpõem: sinceridade do autor ao responder, sua capacidade de autopercepção, a questão da ilusão biográfica, discutida por Pierre Bourdieu[3] etc. Colocando o problema de forma um pouco mais complexa: as intenções do autor, no momento de escrita de sua obra, são irrecuperáveis, na mesma medida em que o passado, em si, também não pode ser recuperado. Podemos fazer uma reconstrução daquele momento (e, em grande parte, esse é um dos trabalhos dos historiadores), mas ela será sempre dependente dos critérios de agora.

Os próprios autores dos textos, nesse sentido, estão sujeitos à reconstrução: recuperar sua memória é também um ato de reconstruir mediado pelo presente. De qualquer forma, é frequente e necessário produzirmos essas reconstruções e, portanto, geralmente razoável supor um conjunto mais ou menos fechado de intenções possíveis e considerá-las suficientes para os propósitos de leitura – produzir conhecimento; construir uma análise historiográfica sobre determinado assunto, dialogando com a literatura da área; produzir uma tese, requisito necessário para a obtenção de um título de doutor etc. Porém, há uma série de outros textos, com os quais frequentemente nos deparamos no ofício do historiador, que desafiam nossa

---

3   Segundo Pierre Bourdieu, o relato biográfico é uma abstração construída em função das ocasiões específicas de enunciação; portanto, mais do que fonte de dados "objetivos" sobre momentos passados de um indivíduo, deve ser considerado uma construção a posteriori que responde ao momento presente do relato (1996a).

capacidade de adivinhar as intenções de quem os produziu. Considere, por exemplo, o caso dos discursos políticos ou os registros de um processo jurídico. Como determinar quais são as intenções desses discursos ou registros processuais? Ou mesmo quem foi seu autor? Sabemos que políticos contam com consultores, e que processos jurídicos têm muitas etapas, registradas por pessoas distintas, em momentos também diversos. É necessário, ainda, considerar que há também uma série nada desprezível de obras que ultrapassam enormemente as intenções originais de seus autores, seja porque se mostram mais interessantes e duradouras do que o esperado inicialmente, seja porque são objeto de disputas, sendo interpretadas de forma completamente alheia às intenções de quem as produziu – esse tipo de polêmica é especialmente comum em relação a obras de arte, sejam elas textuais ou não, mas não é raro encontrarmos casos envolvendo textos acadêmicos.

Nesse sentido, é apenas por meio do estudo do contexto de produção das obras que conseguimos identificar as possíveis intenções em jogo. Uma vez que essas intenções nunca serão uma certeza, o que nos resta é montar uma base bem fundamentada de dados, a partir da qual as poderemos supor. Quanto mais se souber sobre seu contexto de produção, melhores serão as condições para se construir uma interpretação adequada e convincente. Entretanto, se as intenções de quem produziu os textos são, no limite, inalcançáveis, as intenções do próprio texto são, em princípio, completamente acessíveis. Essa afirmação pode parecer paradoxal – as intenções de uma pessoa serem virtualmente inacessíveis, enquanto as de um texto serem dadas. O que queremos afirmar com isso é que as intenções do texto não estão perdidas em um passado inalcançável, mas são atualizadas a cada leitura e, portanto, produzidas imediatamente agora, no momento mesmo em que você está lendo.

As intenções do texto são um produto da interação entre você, leitor, e o próprio texto. Nesse sentido, elas estão no próprio texto e podem ser identificadas objetivamente – embora nem sempre isso seja uma tarefa fácil. Além disso, nunca é demais frisar, essas intenções dialogam com um contexto, são alimentadas por ele e, em contrapartida, dão maior complexidade a esse mesmo contexto.

Novamente, algumas questões simples (e que exigem respostas complexas) são o início do processo de identificação dessas características. A primeira pode ser, justamente, "Qual é a intenção do texto?". Apesar de importante, talvez essa pergunta seja genérica demais. Especificamente no caso de textos historiográficos, ela pode desdobrar-se em outras: "Qual é a tese central do texto, seu principal argumento? Quais são as bases teóricas que sustentam a análise? Com quais autores o texto dialoga e de que forma? Quais são as fontes escolhidas e como são utilizadas?". E uma interpelação particularmente interessante: "Como o texto se relaciona ao contexto em que foi produzido?". As respostas tendem a ser complexas e, quanto mais se conhece sobre determinado contexto, historiador, historiografia em geral, teoria da história, história intelectual, metodologias de pesquisa – enfim, quanto mais eruditos nos tornamos, mais a complexidade dessas respostas aumenta.

(1.2)
IDENTIFICAÇÃO DOS CONTEXTOS GERAIS

A construção de um contexto geral, seja para melhor ler um texto, seja por qualquer outro motivo, normalmente é uma tarefa intrincada e sutil. É preciso estar ciente de que, embora o contexto seja fundamental, você não encontrará nele, de maneira direta, as respostas a suas questões. O melhor lugar para procurar tais respostas é o cruzamento entre os textos e os contextos. Como ficará patente, não há um jeito único de se construir um contexto. Assim, as sugestões a seguir são apenas uma estratégia entre várias possíveis. Sugerimos que você comece a pensar nesse contexto geral com base na ideia de **pertinência**. Outra vez, uma pergunta simples pode lhe oferecer a primeira orientação: "Quais características do contexto geral são pertinentes ao enquadramento da obra em questão?". Os objetivos, aqui, são identificar quais elementos desse cenário podem ajudá-lo a pensar sobre a produção da obra e aprender a separá-los daqueles que não o ajudam. Entretanto, a princípio, podemos considerar que todos os elementos são pertinentes à construção de qualquer contexto. E trata-se de inúmeros elementos, afinal, conforme o renomado historiador francês Fernand Braudel sugere em seu livro *O modelo italiano* (2007), a história é um conjunto praticamente infinito de relações entre elementos variados e sobrepostos – o que transforma em uma tarefa humanamente impossível elencar todos esses elementos. Nesse sentido, é preciso escolher, e isso nos leva a outro problema: "Quais critérios adotar para fazer nossas escolhas?".

Para isso, precisamos voltar ao tópico anterior deste capítulo e pensar em quais são nossas intenções como leitores. Conforme forem essas intenções, determinados elementos serão mais pertinentes do que outros. Não há regras absolutas aqui e, na verdade, esse é um universo aberto aos interesses e à criatividade de quem lê. Por exemplo: você poderia ter em mãos o poema "O corvo", de Edgar Allan Poe[4],

---

4   *Edgar Allan Poe foi um importante poeta, escritor e crítico literário estadunidense que viveu na primeira metade do século XIX (1809-1849). Ficou famoso em função de seus contos e romances de terror e mistério, além de ser considerado um dos criadores do gênero literário "policial".*

traduzido por Machado de Assis[5]. Caso você estivesse pesquisando o contexto dessa tradução, seria pertinente buscar dados sobre como foi a recepção de Poe no Brasil entre o final do século XIX e o início do XX. Também seriam informações pertinentes aquelas relativas aos motivos que levaram Machado de Assis a escolher e traduzir Edgar Allan Poe. Sendo assim, o foco da construção desse contexto seria o Rio de Janeiro e o Brasil da *belle époque*, pois seu interesse estaria mais no trabalho de Machado de Assis do que na própria obra do escritor estadunidense. Em contraste, imagine que você tivesse interesse em realizar outra pesquisa e, portanto, estabelecesse outro recorte, mas partindo exatamente dos mesmos textos. Você poderia, por exemplo, investigar o romantismo literário nos EUA. Nesse caso, seu foco seria o próprio Edgar Allan Poe e o contexto original de produção de seus textos. Dessa forma, seria muito mais pertinente levantar informações sobre os EUA e seu movimento romântico, durante a primeira metade do século XIX – período em que Poe viveu –, do que sobre o Rio de Janeiro do fim do século XIX e início do XX.

Para dar outro exemplo, imagine que o interesse fosse em uma terceira pesquisa, um tanto diferente: considere que você estivesse desenvolvendo uma investigação sobre a história dos usos do papel. Sendo esse o objetivo, você buscaria nos livros um tipo de informação que a maioria dos leitores não se preocupa em registrar: a variedade e a gramatura do papel com que uma dada obra foi publicada (geralmente, essa informação está na última página dos livros). O olhar para os livros, nesse caso, seria completamente diferente: o foco estaria no livro como objeto físico, exemplar concreto dos tantos usos

---

5   *Machado de Assis é considerado por vários críticos o maior escritor brasileiro de todos os tempos e, assim, é uma referência obrigatória de nossa literatura. Nasceu em 1839 (portanto, tinha 10 anos de idade quando Edgar Allan Poe faleceu) e viveu até 1908.*

que uma sociedade pode fazer de papéis. Para a construção desse contexto, seria fundamental buscar dados sobre fábricas de papéis, gráficas, editoras e outras empresas envolvidas na produção, transformação e consumo do produto. Digamos que a obra em questão fosse a mesma: poemas de Poe traduzidos por Machado de Assis, mas republicados nos dias de hoje. O romantismo estadunidense ou a *belle époque* carioca seriam contextos sem pertinência para o caso, enquanto conhecimentos sobre a produção de papel no Brasil contemporâneo estariam em primeiro plano.

Esses três exemplos têm um objetivo bastante claro: mostrar que o mesmo objeto textual pode ser lido das mais diferentes formas e conforme os mais variados interesses. De qualquer modo, embora não possamos estabelecer uma regra geral para a construção de contextos, é importante dizer que, na maioria das leituras de obras historiográficas, alguns elementos tendem a ser mais recorrentes do que outros. Nesse universo, há um fator que nos parece indispensável: o cenário intelectual, tão importante que reservamos o próximo tópico exclusivamente para discuti-lo[6].

Antes de focarmos nos cenários intelectuais, vamos examinar outros elementos que normalmente são úteis para a análise de textos historiográficos: os aspectos político e econômico. Mas, atenção, ainda que estes tendam a ser importantes, é raro conseguirmos identificar relações **diretas** entre eles e a obra em análise. Geralmente, os acontecimentos políticos e econômicos aparecem de forma mediada nas obras, sobretudo nos trabalhos escritos a partir de meados século XIX. Isso acontece porque as sociedades ocidentais,

---

6 *Conforme já mencionamos na apresentação, este livro pode ser pensado como um conjunto de verbetes introdutórios sobre cenários intelectuais. Por isso, o próximo tópico deste capítulo é importante, pois oferece uma sugestão de procedimentos para que você seja capaz de construir os cenários que estiver investigando.*

de modo geral, desenvolveram campos sociais relativamente autônomos entre si, que tornaram complexas as lógicas específicas de produção de bens culturais, dentre eles, os livros de história.[7]

Para entender o conceito de **campo**, imagine a sociedade em análise como um grande espaço, no qual, em dado momento, cada um de seus membros ocupa uma posição particular. A distribuição das posições nesse espaço é fruto de um processo histórico dinâmico – com tendências ora conservadoras, ora revolucionárias –, que implica a reprodução das condições sociais dadas ou sua transformação (ou, ainda, as duas coisas ao mesmo tempo, sendo que alguns aspectos da sociedade se mantêm relativamente inalterados, enquanto outros se modificam mais ou menos radicalmente).

Os membros dessa sociedade têm interesses diversos, definidos pelas posições que ocupam nesse espaço e por suas histórias pregressas – aquelas que explicam as trajetórias e passagens desses agentes por outras posições do espaço social. Nas sociedades contemporâneas, esse grande espaço social foi dividido em diversos subespaços, e cada um deles reúne um conjunto determinado de agentes sociais com interesses em uma mesma área. Assim, por exemplo, temos o campo econômico, o político, o religioso, o artístico e diversos outros, maiores ou menores, cada qual funcionando por meio de uma lógica própria, diferente das dos demais. Os agentes que compõem cada um desses campos são moldados cotidianamente, conforme as regras e os valores respectivos de seu universo particular. Por isso, o mesmo

---

7   O conceito de campo que utilizamos aqui é inspirado na obra do já mencionado Pierre Bourdieu. *Especificamente sobre esse conceito, sugerimos a leitura do livro* As regras da arte *(1996b), embora não seja a única referência possível, pois Bourdieu trabalha com a noção em diversos de seus textos. Ainda sobre a relação entre textos e contextos, para uma introdução mais rápida às ideias bourdianas a respeito do assunto, você poderá ler o já referido texto "Por uma ciência das obras" (1996c).*

acontecimento pode ser encarado de formas diferentes conforme o filtro específico que cada campo impõe a seus membros. Um ataque terrorista, por exemplo, pode ser visto como um elemento de crise no campo político, alimentando um grupo de oposição que enxergaria nesse acontecimento a violência das políticas internacionais de seu país e/ou a precariedade de investimentos em integração social. Por outro lado, ainda conforme as lógicas da política, o ataque obrigaria o governo a mobilizar um grande universo de instituições e serviços para lidar com a população atingida, além de exigir respostas práticas e simbólicas ao evento. Em contraste, no campo econômico, determinado grupo poderia ver-se diretamente atingido pelos prejuízos materiais decorrentes do ataque ou ver seus investimentos ameaçados por um cenário de incertezas que se inauguraria. Outro grupo, relacionado ao campo econômico, poderia aproveitar a situação para ganhar dinheiro com a oferta de produtos e serviços para o Estado e/ou para a população vitimada. No campo religioso, por sua vez, o ataque poderia favorecer um sentimento coletivo de solidariedade, dirigido seja para correntes de oração, seja para caridade, seja para outras formas de ajuda à população prejudicada. Ainda entre os religiosos, um ataque terrorista poderia servir de pretexto para discursos de ódio e intolerância. Os demais campos também lidariam com o ataque com base em suas próprias lógicas e em seus próprios tempos, cada qual respondendo ao evento à sua maneira (ou mesmo não respondendo, se as disposições dos membros do campo lhes permitissem permanecer indiferentes ao ataque). O mesmo acontecimento, portanto, é encarado com base em formas e valores diferentes, conforme a filiação dos agentes a um campo ou outro e sua posição dentro deles.

Um aspecto central da teoria sobre os campos sociais refere-se à ideia de **autonomia**. Esses campos podem ser mais ou menos autônomos entre si, mais ou menos sobrepostos; pode haver diversos, alguns poucos ou, ainda, nenhum campo – cada configuração social é específica a esse respeito. Quanto mais autônomo, mais particulares são os valores que informam e orientam as ações dos integrantes do campo. E é aqui que reside a importância dessa discussão para a análise e a interpretação de textos historiográficos (ou de qualquer outro texto que você venha e estudar): caso a ideia de campo seja pertinente para se pensar sobre a obra que você pretende analisar, é importante saber quais eram os valores em voga no campo em que ela foi produzida, pois tais valores **mediarão a relação entre contexto e obra**. Identificar esses valores é uma tarefa trabalhosa e exige tanto uma leitura atenta dos textos quanto um conhecimento razoável dos seus contextos de produção – por isso, a importância, a que já nos referimos, de atentar para o cruzamento entre textos e contextos.

Consideremos um exemplo já mencionado: Caio Prado Jr. e seu livro *Formação do Brasil contemporâneo* (2011). Esse é um caso interessante porque revela um contexto intelectual complexo e difícil de destrinchar. Nessa obra, podemos encontrar rigor, erudição, compromisso com a "verdade", análise crítica das fontes, diálogo atualizado com os pares, uso inovador das teorias sociais e uma série de outros elementos que revelam a intenção de o texto de ser lido como uma contribuição relevante para as discussões propriamente históricas que se faziam no Brasil da época. Ao mesmo tempo, observamos também que o leitor ideal do livro não seria um historiador, mas um membro da classe dirigente, de preferência com grande capacidade de intervenção na sociedade. Em uma palavra: um governante. O livro esforça-se em chamar a atenção para uma série de problemas, sobretudo de estruturação econômica, que foram criados ao longo da história do Brasil, mas que ainda se mantinham atuais nos dias em que Prado Jr. o escreveu. A intenção do texto, então, é convencer seu leitor de que é preciso agir sobre esses problemas para redirecionar o desenvolvimento do país em determinado sentido – que, na opinião de Prado Jr., melhoraria a vida da população. Esse novo sentido, por sua vez, conduziria o Brasil para um tipo de socialismo, em que a riqueza produzida seria redistribuída de maneira mais igualitária entre todos.

Portanto, nessa obra, há elementos que apontam para a existência de um campo intelectual relativamente consolidado ou, ao menos, em formação. Há também um diálogo intenso com o campo político – de onde, efetivamente, os valores fundantes do livro são originários. Existem, ainda, aspectos que sinalizam interesses comuns aos do campo econômico (embora o diálogo nesse caso seja mais frouxo). Finalmente, a obra revela um posicionamento específico no campo político: o da esquerda marxista. Nesse sentido, elementos do campo político (especificamente da esquerda), do campo econômico e do campo intelectual são pertinentes para a construção do contexto em que o livro foi escrito. Outras obras, redigidas em outros contextos, exigem outros critérios para a construção do contexto geral de sua produção. Cada caso precisa ser analisado com base nas condições que lhe são próprias. A única sugestão geral que podemos aventar é, paradoxalmente: evite as generalizações. Procurar os elementos pertinentes para pensar os problemas de cada caso é um bom primeiro passo. Depois disso, será preciso lidar com as características específicas que o contexto investigado nos impõe.

(1.3)
IDENTIFICAÇÃO DOS CONTEXTOS INTELECTUAIS

Enquanto os contextos gerais constituem uma espécie de pano de fundo que normalmente aparece de maneira **mediada** nas obras dos historiadores, os contextos intelectuais frequentemente são responsáveis por estabelecer os critérios dessa **mediação**, bem como por definir as questões que mais **diretamente** caracterizam as obras.

Para construir o contexto intelectual em que determinada obra foi produzida, vale, novamente, recuperar os procedimentos que foram experimentados até este ponto do texto. Algumas questões simples, inclusive com repetições, são o primeiro passo: "Quem é o(a) autor(a) da obra? Como foi sua formação intelectual? Em que momento de sua trajetória a obra em questão foi escrita? O(A) autor(a) participa de algum movimento ou escola de pensamento? A obra foi escrita em diálogo com (e/ou contra) quem? Quem eram as referências incontornáveis no mundo intelectual daquele momento? Como essas referências são tratadas na obra?". No caso dos contextos intelectuais, essas perguntas podem se multiplicar de acordo com os interesses da leitura. O fundamental, de qualquer forma, é tentar compreender quais eram os interesses em jogo no momento de produção da obra analisada e em que redes de relações o texto e seu respectivo autor estavam envolvidos. É claro que não é possível fazer uma história social exaustiva de todos os livros que lemos, mas é importante levantar informações básicas dessa história, para que sejamos capazes de fundamentar nossas análises com um mínimo de consistência.

Para usar uma metáfora cara ao escritor italiano Ítalo Calvino, a construção do contexto intelectual é como o traçar dos fios de Ercília, uma das "cidades invisíveis" visitadas pelo Marco Polo fictício deste autor (1990). Ercília era uma das tantas cidades peculiares do canato de Kublai Khan, cuja especificidade era que de cada casa partiam diversos fios coloridos, ligando as residências umas às outras. Cada fio tinha uma cor que representava a relação que os moradores das casas mantinham entre si (de casamento, amizade, parentesco, compadrio etc.) e, portanto, muitos fios, de diversas cores, sobrepondo-se uns aos outros, marcavam a paisagem urbana de Ercília. Quando construímos um cenário intelectual, podemos fazer como os ercilianos e, com base no autor em que estamos interessados, traçar as diversas relações que caracterizavam sua vida – familiares, de amizade, políticas, econômicas, profissionais e, sobretudo, intelectuais –, constituindo assim um emaranhado que nos ajuda a entender o **lugar social** da pessoa em questão.[8]

Recuperando a discussão do tópico anterior: se a ideia de campo for pertinente ao contexto de produção da obra que você está estudando, o que resume a construção do contexto intelectual é justamente o mapeamento geral das forças que configuravam o campo intelectual em questão. O problema, portanto, passa a ser: como fazer esse mapeamento? O segredo é simples, embora trabalhoso: é necessário consultar materiais diferentes e cruzar as diversas interpretações a sua disposição. Alguns são especialmente interessantes: biografias dos autores; resenhas de suas obras; debates com outros autores da mesma época; e, finalmente, trabalhos de intelectuais que estudam intelectuais – os famosos e, por vezes, infames "comentadores". As biografias intelectuais são bases que você deve usar para entender a vida dos autores que estiverem em foco. No entanto, é preciso ter cuidado com esses materiais, pois existe a tendência de serem

---

[8] O conceito de lugar social *é tomado do historiador francês Michel de Certeau. Sugerimos veementemente que você leia seu livro* A escrita da história *(2011a), especialmente o capítulo "A operação historiográfica", sobretudo se você estiver pensando em investir em estudos de teoria e historiografia.*

escritos com o objetivo de "sacralizar" ou dar sentido teleológico para a vida do biografado. Nos últimos tempos, a biografia passou a ser um gênero praticado também por historiadores, e os trabalhos que têm sido feitos por eles geralmente não caem na armadilha da sacralização – o que é uma boa notícia. As resenhas, por sua vez, são textos relativamente pequenos, porém muito úteis, pois, na maioria das vezes, tendem a localizar as obras em dado contexto de produção, além de ajudar no mapeamento de sua recepção. Os debates, que podem ser localizados em revistas acadêmicas (especialmente em dossiês temáticos) ou, às vezes, em jornais ou mesmo nos próprios livros (por exemplo, em prefácios que respondem a críticas de outros autores), funcionam de modo parecido com as resenhas, mas com a vantagem de, geralmente, abrirem espaço para as respostas dos autores originais. Finalmente, textos de comentadores são facas de dois gumes: se, por um lado, você não pode deixar de fazer uso de seus textos, por outro, não pode abraçar suas interpretações sem a devida crítica. O principal contraponto a qualquer comentador são justamente as obras e os autores que eles comentam. Assim, se você tem como desafio conhecer e compreender a obra de Marx, por exemplo, será necessário ler o que o próprio Marx escreveu e também o que seus comentadores, biógrafos, críticos e seguidores disseram a seu respeito.

    Até aqui, o que sugerimos não resolve o problema do campo intelectual. Reunir e processar essa massa de dados nos ajuda a identificar o **lugar social** do autor estudado e, também, o lugar de sua obra. Para mapear o campo como um todo (caso o campo seja um recurso pertinente), é preciso fazer o mesmo procedimento com uma série de outros autores que, na mesma época e no mesmo lugar, disputavam a legitimidade intelectual entre si. Nem sempre teremos disposição ou tempo para fazer esse estudo a fundo, mas, justamente por saber que é necessário, precisamos adotar um mínimo de "medidas cautelares". A principal delas é tentar, sempre que possível, ler outras referências sobre o tema ou autor que está sendo nosso objeto de interesse no momento. O cruzamento de interpretações é a principal chave de leitura que temos à nossa disposição.

Finalmente, resta notar que cada material extra que somamos a dada pesquisa sobre um autor ou uma obra é, ele próprio, passível de ser desdobrado no mesmo tipo de investigação. Os biógrafos, os resenhistas, os comentadores etc. são também produtores de bens simbólicos que podem ser estudados de acordo com o próprio contexto intelectual. De fato, os desdobramentos desse tipo de procedimento resultam em uma tarefa infinita, em que distintos textos e obras vão se encadeando subsequentemente. Ler e interpretar textos historiográficos é mergulhar nessa complexa produção.

Síntese

Examinamos três questões fundamentais ao longo deste capítulo. A primeira diz respeito à premissa de que toda e qualquer obra, historiográfica ou não, é produto de um contexto. Nesse sentido, revelamos o partido teórico deste livro: um historicismo radical, que defende a leitura e a interpretação das obras com base na remissão aos contextos de sua produção original ou de sua reprodução (como, no caso de uma história da leitura). A segunda questão, derivada da primeira, refere-se a algumas estratégias possíveis para se construir os contextos gerais nos quais as obras foram produzidas. Essas estratégias, como ressaltamos, não são unívocas e precisam ser adaptadas conforme as intenções da leitura. Isso porque, dependendo dos interesses dos leitores, os contextos serão construídos de uma forma ou de outra – por isso a necessidade de elaborar suas intenções da maneira mais consciente possível. Finalmente, a terceira relaciona-se à discussão sobre um tipo muito particular de contexto, que chamamos aqui de *contexto intelectual*, ao mesmo tempo que apresentamos uma metodologia básica para construí-lo. Entendemos que os contextos intelectuais são uma ferramenta indispensável para se ler e interpretar textos historiográficos. Por isso, planejamos este livro com o objetivo de ajudar os leitores com informações fundamentais sobre as escolas de pensamento, os movimentos historiográficos e as tradições disciplinares mais importantes para a formação da historiografia brasileira.

Atividades de autoavaliação

1. Leia atentamente os itens a seguir e, em seguida, assinale a alternativa correta sobre eles:
   I) A maioria das obras é produto de seu contexto. Contudo, poucas conseguem escapar de sua historicidade e se tornam textos eternos e universais. Os grandes clássicos, os textos sagrados e as obras-primas dos maiores artistas são exemplos de produções que se enquadram nessa categoria especial.
   II) A leitura contextualizada de um texto qualquer exige sempre a reconstrução do ambiente político e da situação econômica do momento em que ele foi escrito. Sem identificar precisamente os jogos políticos da ocasião e os móveis econômicos em disputa, é impossível realizar uma leitura adequada do texto em questão.
   III) Diferentemente de outros tipos de obras, os textos historiográficos têm uma historicidade específica. Enquanto a maioria das produções é simples produto de sua época, os trabalhos dos historiadores conseguem

transcender os limites de seu tempo justamente porque se propõem a realizar análises nas quais a temporalidade é sempre deslocada.

a) Somente os itens I e II são verdadeiros.
b) Somente os itens I e III são verdadeiros.
c) Somente os itens II e III são verdadeiros.
d) Todos os itens são falsos.

2. Leia atentamente as premissas a seguir. Na sequência, assinale a alternativa correta sobre elas:

I) Textos históricos são produtos de um campo de saber específico, portanto, contextualizá-los significa levar em conta unicamente elementos e processos próprios ao contexto intelectual imediato.

II) Os contextos econômicos e políticos podem ser de grande valia para se pensar obras historiográficas, mas é importante ter em mente que eles raramente estabelecem uma relação direta com esse tipo de produção.

III) Os contextos intelectuais são fundamentais para a compreensão de obras historiográficas. Eles não apenas estabelecem, de maneira bastante direta, os interesses e características dessas produções, como também fazem a mediação da maneira como os contextos mais gerais se relacionam com elas.

a) Somente as premissas I e II são verdadeiras.
b) Somente as premissas I e III são verdadeiras.
c) Somente as premissas II e III são verdadeiras.
d) Todas as premissas são verdadeiras.

3. Leia atentamente as proposições a seguir e, depois, assinale a alternativa correta sobre elas:
   I) É possível interpretar o mesmo texto de diversas maneiras. Há inúmeros fatores que podem conduzir a interpretação para um caminho ou outro. Entre eles, os interesses dos leitores ocupam papel de destaque, sobretudo quando se pensa na dimensão criativa das interpretações.
   II) A intenção do autor e a da obra são, na verdade, a mesma coisa. A diferenciação entre essas categorias tem um propósito somente analítico e não corresponde à realidade empírica.
   III) Quando se prepara uma estratégia de leitura, é importante ter em mente o contexto geral de produção da obra analisada, o contexto intelectual específico em que seu autor estava inserido e os objetivos que se pretende alcançar com a leitura.

   a) Somente as proposições I e II são verdadeiras.
   b) Somente as proposições I e III são verdadeiras.
   c) Somente as proposições II e III são verdadeiras.
   d) Todas as proposições são falsas.

4. Leia atentamente estas premissas. Em seguida, assinale a alternativa correta sobre elas:
   I) Apesar de as leituras internalistas contarem com uma tradição antiga e respeitada, para uma análise histórica, elas costumam ser de pouca ajuda, pois historiadores tendem a pensar as obras em relação aos seus contextos.
   II) O mapeamento de um cenário intelectual é uma tarefa relativamente simples, porém trabalhosa. É especialmente útil o recurso a biografias de autores, a textos de comentadores, a resenhas de obras, a dossiês temáticos, a prefácios e a outros registros acerca dos debates que eles motivam.

III) O texto é um objeto em si. Não importa quando foi escrito nem quem foi seu autor. O momento da leitura, como *performance* e acontecimento no presente, é o que define os parâmetros da interpretação.

a) Somente as premissas I e II são verdadeiras.
b) Somente as premissas I e III são verdadeiras.
c) Somente as premissas II e III são verdadeiras.
d) Todas as premissas são verdadeiras.

5. Leia atentamente os trechos a seguir. Na sequência, assinale a alternativa correta sobre elas:

I) O contexto de produção de determinada obra é uma realidade histórica dada, que tem seus sentidos e implicações estabelecidos de antemão, bastando ao analista encontrá-los.

II) Quando estudamos uma obra, as leituras que dela foram feitas podem ser tão ou mais importantes do que seu contexto imediato de escrita, a depender das questões que nos interessam responder.

III) Há uma relação de interdependência entre obras e contextos históricos e sociais, de maneira que a relação entre ambos é complexa, não sendo possível falar de liberdades nem de determinações absolutas entre texto e contexto.

a) Somente os trechos I e II são verdadeiras.
b) Somente os trechos I e III são verdadeiros.
c) Somente os trechos II e III são verdadeiros.
d) Todos os trechos são falsos.

Atividades de aprendizagem

Questões para reflexão

Observação: as atividades apresentadas a seguir não devem ser resolvidas com base única e exclusiva neste livro. Elas foram preparadas pensando que você buscará informações em outros materiais – afinal, como já notado antes, esse é o principal propósito deste livro. Essa nota vale para os demais capítulos também.

1. A história social dos intelectuais é uma dentre outras abordagens possíveis de se produzir história da historiografia. Um exercício interessante é pensar, com base em outras perspectivas teóricas e metodológicas, quais são os limites dessa abordagem. Peça ajuda a seus pares para se inteirar sobre diferentes formas de produzir historiografia e compare com a que sugerimos neste livro.

2. Na questão anterior, sugerimos uma reflexão voltada para os limites da abordagem da história social dos intelectuais. Agora, invertemos o problema: discuta com seus colegas sobre as potencialidades e os ganhos que essa abordagem apresenta e que a diferencia das demais. Nessa tarefa, compare nossa abordagem com outros modos de se fazer história da historiografia.

Atividade aplicada: prática

1. Sugerimos que essa atividade seja feita em grupo. Você e seus colegas devem escolher um texto clássico da historiografia em geral – por exemplo: *A formação da classe operária inglesa*, de E. P. Thompson. Todos precisam ler a obra de referência. Feito isso, cada um dos membros do grupo deve escolher um texto de um comentador que discuta as ideias desse autor e outro que faça uma história social do grupo intelectual do qual o autor em questão fazia parte. Tendo todos feito a leitura, reúnam-se em grupo e discutam as impressões que tiveram de cada abordagem.

Capítulo 2
Pensamento social
no século XX

Parte importante da formação profissional de um historiador é acumular repertório acerca dos diferentes momentos e movimentos que fazem parte da disciplina de História, das principais escolas e das problemáticas que norteiam as discussões, além das distintas posições e debates que conformaram (e conformam ainda hoje) a área. Como você já deve ter percebido a esta altura, essa erudição especializada será de grande valia para o trabalho de leitura e interpretação de textos historiográficos. Contudo, uma vez que historiadores são, em um plano mais amplo, intelectuais e pensadores sociais, será conveniente também ter em mente algumas das principais linhas de força que se colocaram para as disciplinas das humanidades de maneira mais geral.

Neste capítulo, você encontrará uma breve introdução a alguns dos processos e movimentos que marcaram o desenvolvimento do pensamento social e, particularmente, das ciências humanas ao longo do século XX.

Podemos imaginar quão complexas são as tramas que constituem um contexto com o grau de generalidade como o que nos propomos a tratar aqui. Para guiar-nos nesse percurso, será necessário um recorte. Este capítulo tem como base a análise dos movimentos de crítica e revisão do paradigma iluminista moderno, atentando para os impactos e os desdobramentos desse processo no campo do pensamento social. A pertinência de discutirmos o Iluminismo advém da centralidade que ele teve na conformação da modernidade ocidental, tamanha a influência que teve, a ponto de grande parte das correntes filosóficas, artísticas e ideológicas que lhe sucederam terem mantido forte relação com esse movimento intelectual – enquanto alguns reforçavam suas premissas, outros as contestavam ou as subvertiam. É esse processo de mudança paradigmática que acompanharemos a seguir.

Lorena Avellar de Muniagurria e Bruno de Macedo Zorek

Em particular, examinaremos três principais movimentos. Na primeira seção, trataremos do desmoronamento da crença na razão e no progresso, que levou à falência das grandes ideologias, bem como de relevantes teorias explicativas – como o marxismo ou o liberalismo clássico. Comentaremos, nesse item, as estreitas relações entre Iluminismo, modernidade e valorização da racionalidade e do cientificismo. Na segunda seção, veremos as consequências das mudanças de percepção a respeito da natureza, da sociedade e do homem, bem como das relações entre esses três elementos. Interessa-nos perceber o impacto que a crítica a noções fundamentais como ciência, objetividade e, inclusive, realidade teve sobre as ciências humanas. Na terceira e última seção do capítulo, consideraremos como a crítica à ideia de sujeito universal levou à emergência de novas vozes e a uma renovada valorização da diversidade cultural. Nesses três pontos do texto, veremos então as mudanças resultantes do abalo de três importantes balizas do movimento iluminista e do ideário moderno, quais sejam: o racionalismo; o lugar atribuído ao ser humano em relação ao mundo natural; e o sujeito universal.

É importante explicitarmos que os processos sobre os quais você terá ocasião de ler aqui tiveram seus epicentros em uma região geográfica bastante particular: a Europa ocidental. Como é sabido, devido aos processos históricos do expansionismo europeu, com a colonização das Américas, da África e de parte do Oriente por suas principais potências nacionais, essa região do mundo exerceu não apenas uma dominação político-econômica, mas também ideológica e intelectual. Como resultado, os distintos contextos intelectuais ao longo do globo terminaram por ser, em maior ou menor grau, associados ao que se pensava e discutia nos centros coloniais. Na verdade, a colonização foi o principal mecanismo de difusão do modelo ocidental de modernidade e de seus ideiais, da mesma maneira que os processos de descolonização e de crítica às heranças coloniais foram um dos elementos a contribuir para sua superação.

(2.1)
Da crença na razão e no progresso à falência das grandes ideologias

No entendimento de muitos intelectuais, o século XX pode ser compreendido como um processo de abalo das bases da modernidade ocidental e, especialmente, do ideário das luzes. Contrariando o otimismo e a crença no progresso do início do século, as sucessivas guerras, crises e catástrofes levaram a profundas incertezas, ceticismos e desconfianças em relação às possibilidades de um futuro melhor.

Em termos históricos, o Iluminismo referiu-se originalmente a um movimento que teve lugar entre intelectuais europeus no século XVIII e que valorizava a ciência e o uso da razão como meios privilegiados para se conhecer o mundo – o esclarecimento, ou as luzes, em contraposição às trevas da ignorância. Ele foi herdeiro da revolução científica dos séculos XVI e XVII, que, no contexto do humanismo renascentista, promoveu um novo sistema filosófico para compreender tanto o humano quanto a natureza e pautou uma mudança em direção a explicações seculares, rompendo com a centralidade que, durante a Idade Média, Deus e a religião ocuparam como modos de explicação do mundo. Esse processo marcou a passagem da era pré-moderna para a moderna e estabeleceu as bases para o antropocentrismo e para a crença no uso da razão. Ao longo do século XVIII, o ideário iluminista desenvolveu-se e espraiou-se, alcançando seu patamar máximo de força no século XIX, quando, mais do que um movimento ou corrente filosófica particular, chegou a se tornar uma visão de mundo paradigmática, sinônimo de modernidade. No início do século XX, ele era ainda predominante, particularmente durante as primeiras décadas. Assim, as várias ciências sociais e humanas fundadas na virada do século XIX para o XX, assim como as principais doutrinas sociais e políticas que então floresceram, tiveram precursores nos séculos XVIII e XIX (Outhwaite; Bottomore, 1996). Entretanto, conforme veremos, em alguns campos do conhecimento, críticas já se faziam sentir.

É necessário que você tenha muito claro as implicações de atribuirmos ao Iluminismo o *status* de uma "visão de mundo" ou paradigma fundamental. Como tal, ele era mais do que uma teoria ou movimento filosófico particular; ele se constituiu em um modo de pensar, apreender e agir no mundo. Em outras palavras, foi um conjunto de premissas, noções e valores que moldaram não apenas a percepção do mundo, mas também a maneira de habitá-lo e de nele atuar – afinal, como está estabelecido no mínimo desde Max Weber, ideias, teorias e valores são uma dimensão fundamental da ação social, pois são elas que lhe dão direção e sentido (Weber, 2009). Mas quais eram as características desse paradigma que vieram a ser abaladas ao longo do século XX? Um primeiro e importante aspecto do Iluminismo é o entendimento de que a "natureza é regulada por um sistema encadeado de leis universais" (Gay; Hampson, 1996, p. 375). Um segundo é a crença de que, por meio do uso da razão, o ser humano é capaz de identificar e compreender essas leis e, assim, agir sobre o mundo natural. Herdeiro do humanismo, o Iluminismo entende o ser humano em uma posição na natureza que, num primeiro momento, pode parecer paradoxal. Por um lado, afirma que ele é parte integrante dela; por outro, atribui uma primazia ao humano em relação a outros seres, pois, por meio do referido uso da razão, seria capaz de controlar o mundo material em benefício próprio. Esse ponto é especialmente relevante para que possamos entender a emergência das ciências modernas de modo geral e das ciências humanas em particular: sendo também natureza, a sociedade humana estaria regulada por leis gerais, equivalentes às leis que controlam o universo material. Assim como a natureza devia ser cientificamente conhecida, também os fenômenos humanos deveriam ser compreendidos por meio do método e do rigor próprios às ciências modernas (Gay; Hampson, 1996, p. 375-377).

Apenas podemos compreender o sentido da crença iluminista na razão se percebermos que ela está diretamente associada à certeza do progresso: o Iluminismo inaugurou a fé na razão e na ciência como forças progressistas capazes de explicar e, assim, resolver os problemas do mundo natural e do mundo social. Na verdade, a confiança na razão e no conhecimento como meios de alcançar um patamar mais elevado de progresso, por meio da dominação da natureza pelo ser humano, foi tanto bandeira quanto símbolo do Iluminismo. O progresso, então, não era apenas um desejo ou uma possibilidade, mas uma certeza (Quintaneiro; Barbosa; Oliveira, 2002, p. 13).

Como não poderia deixar de ser, as teorias sociais marcadas por essa visão de mundo compartilharam da crença no progresso e no papel decisivo que era atribuído às ciências. Tomemos como exemplos os casos do marxismo e do liberalismo, duas importantes teorias sociais que emergiram no berço do movimento iluminista.[1] Apesar de parecerem, numa primeira aproximação, radicalmente diferentes, ambas versavam sobre modernização e acreditavam que o progresso

---

[1] *Talvez não seja demais pontuar que marxismo e liberalismo não são apenas teorias sociais, mas também doutrinas políticas que, como tais, tiveram papel central no estabelecimento de modelos de Estado e de governo ao longo do século XX (O'Brien; Penna, 1998).*

seria alcançado via o uso da razão. Na perspectiva liberal clássica de Adam Smith, mais individualista, a ação racional dos indivíduos nas áreas da lei, da ciência e, especialmente, do comércio, resultaria necessariamente na melhora da condição humana. Para ele, o progresso é resultado mecânico da "mão invisível" do capitalismo (o mercado) e da soma das ações particulares dos indivíduos que, mesmo de maneira não intencional, ao agir racionalmente em busca de seus objetivos interesses pessoais, terminariam por contribuir para o aumento total de riquezas e para o bem-estar geral. Por sua vez, na perspectiva do pensamento clássico de Karl Marx, de vertente mais coletivista, a mão invisível é apenas um recurso ideológico para mascarar o fato de que o sistema capitalista favorece a concentração da riqueza na mão de poucos. Contudo, apesar de sua avaliação negativa do momento que vivia, Marx também tinha certeza no progresso, pois, em seu entendimento, o capitalismo estaria fadado a ser superado: as desigualdades e injustiças que lhe eram inerentes contribuiriam para a construção de uma consciência comum entre o proletariado (a classe mais explorada), que se converteria então em uma força histórica de mudança, levando à revolução e ao nascimento do comunismo. Como podemos ver, para além das diferenças, ambas as teorias viam a modernização como um processo histórico inevitável e a identificavam ao progresso, atribuindo-lhe um sentido positivo (O'Brien; Penna, 1998, p. 14).

Em outro momento, você vai voltar a se deparar com essas correntes de pensamento e, talvez, essa certeza no progresso apareça sob a expressão *filosofia da história*, que nada mais é que uma construção metafísica para explicar o sentido do desenvolvimento da humanidade.

Contrariando os otimismos, o projeto de modernidade e de progresso levou a um século que tem sido descrito por analistas como um dos mais violentos na história da humanidade. Os autores falam em convulsões sociais, guerras (como a Primeira e a Segunda Guerras Mundiais), inúmeros outros conflitos, perseguições e genocídios em grande escala e diversos tipos de rupturas. É verdade que, ao mesmo tempo que o século XX foi cenário de vários atos de violência extrema, ele testemunhou avanços tecnológicos sem precedentes, que certamente transformaram as condições e as formas de vida social. Porém, isso não garantiu progresso e bem-estar para toda a humanidade nem sociedades mais justas ou harmônicas; de fato, além de violências e conflitos, trata-se de um período marcado também por profundas desigualdades sociais (Hobsbawm, 1995; Outhwaite; Bottomore, 1996).

Diante desse conjunto de eventos, o progresso não apenas deixou de ser uma certeza, como passou a parecer, para muitos, pouco provável. Em sintonia com os eventos e o contexto histórico, uma série de questionamentos passou a fazer parte do pensamento social, dando lugar a um debate sobre a mudança social, suas causas e consequências. Desconfiava-se não mais apenas da razão e da possibilidade de o ser humano conhecer o mundo, mas também de este ser tão regular como parecera até então, uma vez que começava a se mostrar mais complexo e descontínuo do que se pensava.

A psicanálise e o conceito de inconsciente, por exemplo, tiveram grande impacto nesse processo. Desenvolvida por Sigmund Freud (1856-1939) na virada do século XIX para o XX, a psicanálise continuou a ganhar difusão nas décadas seguintes, alcançando seu apogeu na segunda metade do século. Junto à noção de inconsciente, ela abalou um importante alicerce do Iluminismo: o ser humano não era mais visto como um sujeito que agia apenas racionalmente em função de objetivos claros e definidos, mas como um ser dominado por um lado irracional, oculto e inacessível. Com base nessas ideias, para alguns, a razão passou a ser percebida não como condição para a liberdade e possibilidade de pensamento autônomo, mas sim como dominação, artificialidade e mutilação de dimensões fundamentais do ser humano[2]. Mesmo a perspectiva em relação ao mundo físico e natural passou a ser revista. Consideremos aqui apenas o exemplo do impacto que as pesquisas de Albert Einsten (1879-1955) no campo da teoria quântica e da relatividade geral tiveram, ao mostrar que a realidade é mais complexa e imprecisa do que se pensava, levando a problematizações de noções fundamentais como objetividade e realidade.

Nas ciências humanas, diversas foram as correntes teóricas e filosóficas que desenvolveram a crítica e a revisão das certezas iluministas. Estruturalismos, existencialismos, niilismos, pós-estruturalismos, pós-modernismos, pós-colonialismos: cada uma, a sua maneira, contestou as ideologias progressistas e monolíticas, fossem as associadas ao liberalismo; fossem as ligadas ao marxismo. Que tipo de "progresso" seria possível? Ou, ainda, que tipo seria desejável?

Esse debate também se fez presente no campo das artes – na verdade, é possível dizer que elas foram pioneiras nesse processo. Já nas vanguardas do final do século XIX e início do XX, era patente o progressivo distanciamento do realismo e do paradigma da representação, em um movimento que, ao reivindicar a existência e importância da obra de arte em si mesma, e não apenas como mera representação de algo existente alhures, deu destaque à autonomia da linguagem visual – ecoando, como veremos a seguir, alguns dos princípios preconizados pela linguística estrutural de Ferdinand Saussure (1857-1913) (e também representando um dos modelos mais bem acabados de

---

2   *Essa ideia é desenvolvida por alguns dos pensadores da escola de Frankfurt, que serão apresentados a você no próximo capítulo.*

autonomia de um campo social, como discutido por Pierre Bourdieu – 1996c – e sugerido a você como possível metodologia para a análise de intelectuais, no Capítulo 1 deste livro). Havia ainda movimentos como o surrealismo (influenciado pela psicanálise e pela noção de inconsciente), que não apenas desconfiava do racionalismo, como chegava a condená-lo, valorizando os lados obscuros da mente e do ser humano. A revista *Acéphale* (1936-1939) é um caso que explicita essa característica: iniciativa de George Bataille e de outros artistas e intelectuais da cena francesa, nela, a profunda crise em que a civilização ocidental se encontrava era atribuída ao racionalismo e, como solução, era defendida a necessidade da "perda da cabeça".[3]

Como estudante de História, você já deve ter se deparado com esta imagem do século XX: um período de grandes conflitos e crises e de quebras de certezas e grandes ideologias – afinal, essa imagem é lugar-comum. Normalmente, a ideia de falência das grandes ideologias é associada à derrocada da União Soviética e da oposição dicotômica que o mundo vivera durante a Guerra Fria entre os blocos capitalista e socialista. Mas, na verdade, uma série de outras ideologias (algumas até mais profundas e estruturantes do que liberalismo e marxismo clássicos) ruiu nesse processo: a crença nas luzes, na razão, no progresso e na humanidade se esfacelou sob o peso dos acontecimentos vividos nesse século.

---

3   Além de publicação, *Acéphale foi também uma sociedade secreta. Revista e sociedade propunham se a funcionar como espaço de reflexão e de ação. Além do profundo antirracionalismo, a iniciativa também se caracterizava por estabelecer um forte vínculo entre ação política e religião, propondo-se como contraponto ou espelho invertido da civilização moderna ocidental. Segundo Bataille, seria por meio da experimentação do corpo e do sagrado – e não da mente ou da razão – que uma verdadeira transformação da sociedade poderia ser alcançada (Moraes, 2012; Goyata, 2016).*

(2.2)
MODELOS PARA PENSAR O SOCIAL

Como já comentamos, no início do século XX as ciências humanas estavam profundamente marcadas pelo ideário iluminista e pelo cientificismo positivista. Até o século XVIII, a maioria dos campos hoje estabelecidos como ciências eram ainda parte de grandes sistemas filosóficos (Quintaneiro; Barbosa; Olivera, 2002, p. 12). Foi justamente no século XIX, seguindo uma tendência à autonomização dos campos de saberes e sob o marco do racionalismo, do empirismo e do Iluminismo que surgiram as propostas de ciências sociais modernas, seguindo o modelo estabelecido pelas ciências naturais. A sociologia, por exemplo, foi proposta por Augusto Comte, um de seus precursores, como uma física social (Comte, 1978). O cientificismo foi dominante não apenas na origem da sociologia e da antropologia, mas também para a história, que contava com uma tradição de estudos desde a Antiguidade, mas que se reinventara como "história científica", adquirindo suas feições modernas.[4]

---

[4] *O principal nome a ser lembrado aqui é o do alemão Leopold von Ranke (1795-1886), conhecido como "pai" da história científica. Ele promoveu uma revolução metodológica na maneira de se fazer história. Priorizando fontes primárias (idealmente, fontes oficiais de governos) e rejeitando os relatos de cronistas, a histórica científica surge marcada pela preocupação com a **verdade** e com o **método científico**. A partir da matriz cientificista e positivista, as relações humanas no espaço e no tempo (que constituíam o objeto dessa ciência) eram pensadas em termos causais: determinadas causas gerariam de maneira constante e sistemática determinadas consequências. A ciência história deveria ter por método, então, o trabalho sistemático de pesquisa a partir do uso prioritário de fontes primárias (daí a centralidade do trabalho de arquivo) e uma ênfase na história narrativa. O privilégio por fontes primárias escritas favoreceu, em muito, uma ênfase temática na história política, pois aspectos da história cultural (como a vida cotidiana) não permitiam a abordagem objetiva e científica, que passou a ser imperativa na disciplina (Burke, 2002).*

Do ponto de vista do entendimento positivista da ciência, explicar um acontecimento corresponde a identificar o conjunto de leis universais e as condições iniciais que seriam causa do fenômeno.[5] A premissa de que as leis e seus funcionamentos são estáveis e regulares permite, assim, por meio do estudo e da explicação de casos particulares, a construção de previsões em relação a situações futuras. A combinação dessa perspectiva determinista com o naturalismo produziu correntes como o **evolucionismo social** e o funcionalismo. Formulado no século XIX e muitas vezes identificado como *darwinismo social* ou como *evolucionismo cultural*, o evolucionismo social é uma teoria que explica as diferenças existentes entre os vários grupos humanos por meio da ideia da evolução, em forte diálogo com teorias evolucionistas da biologia.[6] Hoje, essa teoria é considerada ultrapassada e profundamente marcada por valores eurocêntricos e leituras etnocêntricas. Mas, a seu momento, podemos dizer que foi também progressista, pois foi uma das principais responsáveis por dar fim à discussão, por exemplo, sobre os diversos povos indígenas descobertos pelos conquistadores europeus em todo o globo terrestre

---

5 *A corrente filosófica que propõe a aplicação da filosofia iluminista relativa à natureza também ao mundo social foi conhecida como* positivismo *e teve Comte (o "pai" da sociologia) como um de seus idealizadores (Hollis, 1996).*

6 *O evolucionismo social foi formulado por autores como o americano Lewis Morgan (1818-1881) e os ingleses Edward Tylor (1832-1917) e Herbert Spencer (1820-1903).*

serem ou não "humanos".[7] As enormes diferenças, aparentemente incomensuráveis, seriam apenas resultado de diferentes estágios evolutivos. Em uma de suas primeiras e mais influentes formulações, a evolução social foi concebida como um processo natural e imanente à espécie humana. Mais do que isso, foi tida como predeterminada, de modo que todos os grupos humanos passariam, necessariamente, pelas mesmas etapas sucessivas, apesar de cumpri-las em ritmos desiguais. As então chamadas *sociedades primitivas* – denominação hoje considerada altamente equivocada e pejorativa – estariam ainda em estágios iniciais de desenvolvimento, enquanto a sociedade europeia ocidental teria alcançado outro patamar de evolução, evidenciado pelo seu alto grau de desenvolvimento tecnológico e domínio do mundo natural (Castro, 2005). Era patente, portanto, o eurocentrismo implicado, bem como a presença das premissas iluministas que comentamos anteriormente.[8]

O **funcionalismo** é outro exemplo de corrente teórica influenciada pelo determinismo e pelo cientificismo, assim como pelo

---

7   *Na atualidade, uma questão como tal pode parecer absurda, mas ela foi motivo de debates eruditos entre filósofos e religiosos na Europa após o descobrimento das Américas. O choque cultural resultante desse encontro foi tamanho que, ainda hoje, é considerado caso paradigmático do encontro com a alteridade (quer dizer, com o outro). Parte central do debate girou em torno dos atributos que definiriam a humanidade – as alternativas elencadas incluíram elementos como alma, língua, instituições sociais (como Estado, religião, família) e cultura (Todorov, 2003; Laplantine, 2003).*

8   *Muito influente nas ciências humanas, o evolucionismo social teve também grande impacto político, tendo sido a principal doutrina a procurar justificar e sustentar o colonialismo europeu como um processo positivo, civilizado e civilizacional. Por meio da administração e controle político, moral e social, a Europa estaria contribuindo para a expansão da civilização humana, auxiliando os povos "mais atrasados" a alcançarem o estágio positivo de desenvolvimento humano (Castro, 2005).*

naturalismo. Em algumas versões mais biologizantes[9], os fenômenos humanos eram entendidos em termos de "funções" associadas a necessidades biológicas básicas, reduzindo, por exemplo, os sistemas de parentesco à necessidade biológica de reprodução da espécie ou os sistemas econômicos à necessidade de alimentação e à subsistência dos indivíduos. Em outras, contudo, as funções eram entendidas propriamente como sociais, portanto, como resultado de dinâmicas específicas a cada grupo sem a determinação biológica. Uma versão clássica bastante difundida e influente é relacionada à sociologia de Émile Durkheim (1858-1917). Apesar de o funcionalismo durkheimniano procurar dar conta das especificidades do social, o recurso à biologia como metáfora era ainda presente: concebida na sua totalidade, cada sociedade seria constituída por um conjunto de partes independentes, cada qual especializada em determinada função – tal qual um organismo vivo que, para viver, precisa que seus órgãos cumpram com suas funções físicas e metabólicas corretamente. Agindo coordenadamente, as partes contribuiriam para a manutenção e a sobrevivência da vida do organismo – no caso, a sociedade. Portanto, as ideias de harmonia e de solidariedade entre o funcionamento das partes era ali central: assim como um organismo vivo, as várias instituições especializadas (o sistema político, a religião, a família, o sistema educacional etc.) deveriam funcionar como uma totalidade integrada (Durkheim, 2010; Giddens, 1984).

O determinismo e o naturalismo, beirando, por vezes, o biologizante, eram patentes nessas abordagens. Contudo, apesar de essas perspectivas fortemente influenciadas pelos valores positivistas terem sido dominantes, coexistiram junto a elas correntes particularistas

---

9   *O termo* biologizante *se refere àquilo em que predomina a visão biológica ou que se refere a aspectos biológicos.*

e hermenêuticas, especialmente na tradição alemã.[10] Na verdade, a aplicação do modelo cientificista e naturalista às ciências humanas apresentou uma série de dificuldades e nunca esteve livre de críticas. Afinal, não trabalhamos com sistemas fechados, como aqueles que podem ser construídos e reproduzidos em laboratório, sob condições controladas. Além disso, por vezes não podemos isolar variáveis e, frequentemente, estudamos fenômenos dos quais também participamos em alguma medida – isso quando não temos uma implicação mais direta com o objeto, como no caso de intelectuais da elite europeia estudando sociedades coloniais. Seria mesmo possível ao ser humano conhecer a realidade social por meio do uso da razão seguindo um modelo positivista? E seria de fato adequado pensar as sociedades humanas deterministicamente, com base em relações de causa e efeito?

Perguntas desse tipo levaram a profundas mudanças no modo de pensar o social. Em contraposição às abordagens positivistas e naturalistas, o desenvolvimento dos estudos e reflexões em cada disciplina levou ao aprofundamento dessa crítica.[11] A tradição hermenêutica e particularista, que havia sido cultivada especialmente pelos adeptos do pensamento social alemão, ganhou terreno: mais do que deduzir eventos de leis gerais e construir previsões, o objeto das ciências humanas, na perspectiva hermenêutica, passou a ser a busca pelo significado, pelo sentido que os atores dão a suas ações.

---

10 *Para citar apenas dois, porém importantes exemplos: o trabalho do antropólogo Franz Boas (1858-1942), alemão radicado nos Estados Unidos, de crítica sistemática ao evolucionismo social; e a proposta de uma sociologia compreensiva do sociólogo alemão Max Weber (1864-1920).*

11 *Para além do campo das humanas, o questionamento do modelo científico foi geral. Trabalhos como os de Karl Popper (1902-1994), Imre Lakatos (1922-1974) e Paul Feyerabend (1924-1994), da filosofia da ciência, rechaçaram a validade do método cientificista, em suas próprias bases.*

Se no início do século XX as várias ciências humanas almejavam alcançar o grau de cientificidade e positivismo atribuído às ciências naturais, às vésperas do século XXI, o quadro que encontramos era muito distinto. Após uma sucessão de movimentos de crítica e revisão (pós-evolucionismos, desconstrucionismos, estruturalismos, pós-estruturalismos, pós-modernismos), deparamo-nos com a inexistência de um modelo único de ciência e com um conjunto variado de correntes e tradições simultâneas que, apesar de terem movimentos e teorias diversos, com as esperadas especificidades, apresentam alguns traços em comum.

Em primeiro lugar, compartilham do acúmulo de reflexões produzidas pelas críticas feitas às "certezas" do início do século – do progresso, da razão, da universalidade dos processos humanos. Apresentam também uma tendência ao relativismo e ao particularismo e, especialmente, à hermenêutica. Assim, no lugar do universalismo, encontramos particularismos; no de determinismos, teorias compreensivas e hermenêuticas; e no de naturalismos e determinismos biologizantes, a procura por identificar a especificidade do social e a crescente atenção aos fenômenos da linguagem e do discurso.

Como aqui não é possível fazer uma apresentação adequada, mesmo que sumária, de todos os movimentos que contribuíram para a crítica e revisão dos ideários e do modelo de ciência preconizado pelo Iluminismo, optamos por comentar neste item apenas um deles – o estruturalismo. A pertinência de tal escolha se dá por dois principais motivos. Primeiramente, por sua importância: ele foi, certamente, um dos principais movimentos no século XX. Em segundo lugar, porque, de certa maneira, ele construiu uma ponte entre o modelo mais cientificista e os mais críticos que se sucederam, realizando assim uma transição.

O método estruturalista de investigação científica foi inicialmente estabelecido pelo linguista suíço Ferdinand de Saussurre, mas posteriormente foi apropriado por uma série de intelectuais que o aplicaram e desenvolveram em outras ciências humanas – com destaque para o antropólogo francês Claude Lévi-Strauss (1908-2009). Inicialmente, o rigor e o formalismo característico dos métodos estruturalistas clássicos, que permitiam o tratamento de grandes volumes de casos, de quantificação de fenômenos sociais e, inclusive, de tratamento estatístico dos dados, pareciam ter elevado as ciências humanas ao patamar de rigor preconizado pelo cientificismo. Contudo, rapidamente, suas proposições vieram a propiciar a complexificação e mesmo a colocar em xeque a própria noção de realidade – ao menos, da maneira como era concebida até então.

Você deve estar se perguntando: "O que levou uma teoria da linguística a ter tamanho impacto sobre todas as outras ciências humanas?". Em primeiro lugar, temos o fato de que, com o estruturalismo, a linguagem passou a ser vista como um fenômeno humano por excelência.[12] Em segundo, temos a noção de linguagem e de língua que foi estabelecida. Segundo Saussure, língua é um sistema autorreferenciado, uma totalidade ou estrutura que estabelece o conjunto de possibilidades do que pode ser dito e de como pode ser dito. A importância dessa formulação está no fato de a língua ter deixado de ser vista como um sistema de signos definido pelo mundo exterior (ou, alguns diriam, pela realidade sobre a qual se pretende falar) e começar a ser considerada um elemento estruturador da relação do ser humano com o mundo. É de suma importância entender as

---

12 *A capacidade de significar e simbolizar o mundo e de comunicar esses sentidos foi considerada a habilidade característica e distintiva do humano. A função simbólica – como foi chamada por Levi-Strauss – seria justamente aquilo que nos distinguiria de outros seres da natureza, pois é devido a ela que se pode produzir cultura.*

implicações dessa colocação. De um lado, significa que a linguagem, longe de ser neutra ou direta, é um elemento ativo que molda a percepção e apreensão que fazemos do mundo. De outro, significa que as noções de objetividade absoluta e de realidade precisavam ser relativizadas, pois toda e qualquer linguagem – mesmo as ditas *científicas* – condicionavam aquilo que era dito. Em outras palavras, ao mesmo tempo que a estrutura da linguagem possibilita falarmos sobre o mundo, também condiciona o que podemos perceber dele e como o fazemos. Dessa forma, você pode compreender, então, como o estruturalismo, almejando o rigor científico, terminou por formular um dos principais argumentos que colocaram em xeque o paradigma cientificista.

De certa maneira, todos os movimentos que se seguiram nas ciências humanas são pós-estruturalistas, no sentido de que todos são debitários dessas proposições. Mas alguns foram nomeados propriamente como pós-estruturalistas, caso daqueles que se dedicaram a desenvolver os princípios e aplicações das formulações estruturalistas mais clássicas, radicalizando-os. O filósofo Michel Foucault (1926-1984) é um dos principais nomes a ser lembrado aqui, porque, além de extremamente influente, produziu uma obra que dialoga, em muito, com o campo da história. Ele afirmou que os eventos discursivos são acontecimentos históricos, e que, portanto, também o conhecimento e a verdade são produto de contextos particulares, que estabelecem as bases para eles serem reconhecidos e aceitos (Foucault, 2008, 2014) – como vimos no Capítulo 1, isso inclui os discursos e as produções historiográficas.

A centralidade que a linguagem e o discurso adquiriram foi tamanha que, hoje, é associada a uma mudança paradigmática no pensamento social, correntemente chamada de *giro linguístico* (ou, em inglês, *linguistic turn*), e pode ser pensada como um dos desdobramentos do estruturalismo. Existe um consenso de que a expressão foi utilizada pela primeira vez por Gustav Bergmann (1906-1987) no contexto de uma discussão particular no campo da tradição da filosofia analítica anglo-saxônica e que posteriormente ganhou visibilidade por conta de uma publicação organizada pelo também filósofo Richard Rorty (1931-2007)[13]. Apesar de ter sido cunhado nessa área particular, o termo é hoje utilizado em distintas disciplinas para se referir à primazia que passou a ser conferida à linguagem e à atenção privilegiada que passou a ser dada à linguagem discursiva e, particularmente, ao texto.

Esse processo não se deu sem muitas disputas e crises. Para além das crises vividas nos contextos mais gerais, o século XX também foi marcado por conflitos específicos aos contextos intelectuais. Na história, por exemplo, falou-se em "crise epistemológica" e em "incertezas", resultado da perda da confiança na quantificação, do abandono de recortes clássicos (que eram, primordialmente, geográficos), e do questionamento de noções, de categorias e de modelos interpretativos característicos da análise histórica mais tradicional. Enquanto alguns apontavam os riscos frequentemente atribuídos a abordagens ditas pós-modernas, de redução do mundo social (e, no limite, de toda e qualquer realidade) a uma pura construção discursiva ou jogos de linguagem, outros apontavam para os ganhos das desconstruções e relativizações em curso (Chartier, 2002). A partir dessa crise, novas questões passaram a ser analisadas por historiadores, como a atenção para a subjetividade do pesquisador, a renegociação do estatuto

---

13 O título da antologia organizada por Rorty é The Linguistic Turn: Essays in Philosophical Method (Giro linguístico: ensaios sobre o método filosófico), *publicada em 1967. A discussão à qual Bergman se endereçava era sobre a possibilidade de muitas das questões tidas como problemas na filosofia serem, na verdade, apenas maus usos de linguagem, e não questões filosóficas propriamente ditas (Silva, 2015).*

de verdade e a possibilidade de se pensar o lugar da história, não apenas em relação à ciência, mas também em relação à literatura e à ficção; entre outras.[14]

Para resumir, podemos afirmar que, de modo geral, o giro linguístico implicou a já referida percepção da linguagem como conformadora da relação do ser humano com o mundo e do real, levando ao questionamento da eficácia do rigor científico e à busca de novas bases para se produzir conhecimento. Hoje, enquanto alguns historiadores afirmam fazer ciência – certamente, não mais do modelo positivista –, outros sequer têm apreço por esse rótulo e não se incomodam com a ideia de que sua produção faz parte do campo das artes ou da literatura, ao passo que outros até reivindicam essa perspectiva. O giro linguístico implicou também a preocupação com os aspectos formais do texto, inaugurando uma fase de experimentações narrativas nas ciências humanas. Finalmente, podemos dizer que tal giro foi responsável pelo abandono das metáforas físicas e biológicas que, no início do século XX, eram comumente utilizadas para representar o social. Esse fenômeno passa, então, a ser associado à própria linguagem ou a metáforas textuais – diz-se que as culturas e as sociedades podem ser **lidas** e **interpretadas**, que têm **gramáticas** e que comunicam **sentidos**.

---

14 *No caso do campo historiográfico, há um relativo consenso em associar o giro linguístico ao nome de Hayden White e a sua obra* Meta-história *(2008), em que ele aproxima o texto histórico ao "artefato literário", colocando em questão ideias de verdade, fato histórico e objetividade.*

(2.3)
Do sujeito universal à diversidade: proliferação de agendas e emergência de novas vozes

Os debates que tiveram lugar na segunda metade do século XX nas ciências humanas não se referiram apenas a questões relativas à produção de conhecimento, mas também, e fundamentalmente, a questões de poder. Como vimos, uma das características do Iluminismo foi o universalismo, que se aplicava também à noção de ser humano: imaginava-se existir um sujeito universal, da mesma maneira que se pensava haver uma cultura humana única (diferenciada apenas por estágios evolutivos).

Uma das características das correntes pós-modernistas foi questionar essa pretensão à universalidade, perguntando sobre as consequências dela para grupos particulares em contextos distintos. O que significou a modernização para as populações da América, da África e do Oriente Médio? Em todos os casos, significou estar sob o jugo colonial; em alguns, chegou a ser puro e simples genocídio (foi o caso, por exemplo, de muitas populações indígenas americanas). A **modernização** do mundo foi, portanto, acusada de ter implicado na emergência e na imposição de um sistema planetário de poder: longe de ter sido instrumento de emancipação, como prometido, funcionou como meio de dominação.

Rejeitou-se então a ideia de sujeito universal, assim como a suposição de uma essência humana comum e compartilhada. Mas, para além disso, os debates pós-modernos promoveram uma mudança na percepção e na maneira de pensar e valorizar a diversidade cultural: pesquisadores e intelectuais debruçaram-se sobre as diferenças e tomaram o que antes fora percebido como distinto, irregular ou desviante como objeto de reflexão. Não se tratava mais de aspectos negativos, como primitivismo, faltas ou atrasos; as diferenças passaram a ser observadas em suas positividades, como características e particularidades de modernidades alternativas. Essa desconstrução atingiu até mesmo o "centro" da sociedade moderna ocidental. Um exemplo disso pode ser encontrado no livro *Jamais fomos modernos*, publicado em 1991 pelo intelectual francês Bruno Latour (1947-), no qual o autor defende que a modernidade jamais foi uma realidade, mesmo dentro do território da Europa Central; ela foi um projeto, e um projeto que falhou (Latour, 1994).

Surgiu então um interesse renovado pela diversidade e pela diferença cultural. Se, em 1789, a Assembleia Nacional Constituinte da França revolucionária aprovou a Declaração dos Direitos do Homem e do Cidadão[15] – que serviria de base para a Declaração Universal dos Direitos Humanos, aprovada pela Organização das Nações Unidas (ONU) em 1948 –, em 2001, a Organização das Nações Unidas para a Educação, a Ciência e a Cultura (Unesco) aprovou a Declaração Universal da Diversidade Cultural. O intuito dessa nova declaração era incluir a **diversidade** na lista dos direitos humanos básicos, bem como valorizar a pluralidade e a circulação de saberes. De acordo com essa declaração,

> *Artigo 1 – [...] A cultura adquire formas diversas através do tempo e do espaço. Essa diversidade se manifesta na originalidade e na pluralidade de identidades que caracterizam os grupos e as sociedades que compõem a humanidade. Fonte de intercâmbios, de inovação e de criatividade,* **a diversidade cultural é, para o gênero humano, tão necessária**

---

15 *A Declaração dos Direitos do Homem e do Cidadão discorre sobre os "direitos naturais" de toda a humanidade, com ênfase nas ideias de nação, liberdade de pensamento, igualdade, impostos e propriedade privada.*

como a diversidade biológica para a natureza. *Nesse sentido, constitui o patrimônio comum da humanidade e deve ser reconhecida e consolidada em benefício das gerações presentes e futuras*. (Unesco, 2002, grifo nosso)

Segundo os historiadores brasileiros Ciro Flamarion e Ronaldo Vainfas, é possível pensar nas mudanças de paradigma que ocorreram ao longo do século XX nas humanidades e nas ciências sociais como um processo de rupturas resultantes da preferência pelo corte interpretativo de origem alemã em detrimento ao de origem francesa (Cardoso; Vainfas, 1997) – quer dizer, do particularismo e da hermenêutica (gestados no romantismo alemão) sobre o universalismo (gestado especialmente no contexto do Iluminismo francês). Essa mudança paradigmática no pensamento social e a consequente guinada no sentido da valorização das particularidades e da diversidade cultural não se deram de modo separado do contexto histórico mais geral vivido no século XX. Foram as guerras entre povos, os genocídios, as brutalidades da colonização, os movimentos de resistência etc. que, em conjunto, terminaram por dar visibilidade a essas diferenças.

Fruto de muitas lutas, essa multiplicação de vozes (ou melhor, o ganho de visibilidade, posto que essas pessoas e suas vozes sempre existiram) intensificou-se na segunda metade do século XX. De falha ou atraso, a diferença passou a ser base para a construção de identidades particulares e para a resistência à dominação que vinha sendo feita em nome do progresso. Também na militância política, categorias mais gerais passaram a ser substituídas – ou, ao menos, complementadas – por outras mais particulares: no lugar da oposição dicotômica entre burguesia e proletariado, que se desdobrava na mobilização por meio de sindicatos de trabalhadores e, eventualmente, sindicatos patronais, surgiram inúmeros outros movimentos e agendas políticas, em sua maioria de caráter identitários: o movimento negro e a luta pelos direitos civis da população negra nos Estados Unidos; a terceira onda feminista; as lutas pela independência e descolonização de ex-colônias; os movimentos pelos direitos da população *gay* e *queer*; o movimento ambientalista; e uma diversidade de outras mobilizações constituídas em torno de agendas e identidades particulares.

Se as particularidades e os aspectos que definem grupos e condições podem ser virtualmente infinitos, alguns recortes se estabeleceram como importantes vetores para se pensar a diferença: o de gênero, o étnico, o de classe social, o geopolítico etc. Nessas várias áreas, observou-se um movimento em que a luta política por direitos construiu e consolidou um saber crítico que, em um segundo ou terceiro momento, ganhou contornos acadêmicos. Passou a haver, então, um importante processo de retroalimentação entre militância e teoria. No contexto das ciências humanas, uma série de novos temas, populações e movimentos passaram a estar presentes, mesmo que sub-representados. Surgiu também uma abertura para novos perfis de produtores de saberes, pois a desconstrução da ideia de sujeito universal implicou a desconstrução da figura unificada do intelectual. Quem estava em posição de produzir saber e de ter sua produção reconhecida? Quem falava **sobre** e **pelas** sociedades? Basta que você reveja os nomes citados até agora para identificar um padrão: homens brancos, frequentemente de elite, nascidos e educados nas grandes metrópoles coloniais. O projeto da modernidade e seu suposto "sujeito universal" revelou-se não apenas eurocêntrico e imperialista, mas também patriarcalista e racista.

É fundamental entender que as críticas pós-modernas, pós-estruturalistas, pós-modernistas e, mais recentemente, pós-coloniais (correntes que, apesar de distintas, se sobrepõem em diversos pontos) se dedicaram especialmente a analisar a dimensão política do conhecimento, examinando as relações existentes entre o poder e a produção de saberes. O que elas encontraram? Um estreito vínculo, no qual, por vezes, é possível associar diretamente os desenvolvimentos da teoria social às necessidades de gestão política e administrativa dos Estados-nações e dos sistemas coloniais. Um dos exemplos mais eloquentes é o evolucionismo social, que, como vimos no item anterior, foi utilizado como justificativa para a colonização. Mas há outros exemplos, como a transformação da estatística em uma moderna tecnologia de controle e de gestão populacional útil aos Estados-nações.

Assim, a proliferação de sujeitos na história da humanidade correspondeu ao reconhecimento da existência de uma **multiplicidade de sujeitos**, no sentido forte do termo – ou seja, sujeitos com perspectivas, saberes e agências próprias. Nas ciências humanas e sociais, isso implicou a multiplicação dos objetos de estudo – não se travava mais de fazer uma "história da humanidade", ou "do ser humano", mas de pensar a diversidade de grupos existente. E mais: tratava-se também de reconhecer a multiplicidade dos sujeitos de saberes. Agora, esses "outros" não estariam mais destinados à posição de tema e objeto de pesquisas; poderiam ser autores, reconhecidos como produtores de saberes.

A ênfase nos dominados, nos excluídos ou nos subalternos, bem como nas discussões sobre a possibilidade de eles virem a ocupar lugares de poder (inclusive, por exemplo, as ciências e as academias) colocou-se então como uma tônica. "Pode o subalterno falar?" – perguntava-se Gayatri Spivak, ao final dos anos 1980 (Spivak, 2010), mais de 30 anos após Franz Fanon denunciar e criticar as consequências do racismo no mundo colonial moderno (Fanon, 2008) e dez anos após a clássica obra *Orientalismo*, de Edward Said, vir à luz e apontar a permanência do eurocentrismo e da ideologia colonial no campo do pensamento social (Said, 2007).[16]

A crítica e a desconstrução do sujeito universal e as variadas formas que ele pode assumir (o masculino universal; o branco como referência-padrão; o pensamento eurocentrista etc.) é, na verdade, um movimento ainda em curso. Como pudemos ver neste capítulo, as mudanças no pensamento social acompanharam, sempre de perto, contextos e eventos históricos. Isso evidencia que as ciências humanas e sociais, longe de serem neutras, estão enraizadas em contextos sociais, culturais e políticos particulares. Em outras palavras, são elas mesmas realidades sociais que, para serem compreendidas, devem ser primeiramente contextualizadas.

Síntese

Apresentamos ao longo deste capítulo as principais problemáticas e tendências que estruturaram o pensamento social durante o século XX e o início do século XXI. Estabelecemos a centralidade do paradigma iluminista para a modernidade e mostramos que grande parte do pensamento social do período é resultante da crítica e revisão desse paradigma. Examinamos particularmente a desconstrução de três

---

16 *Os nomes da teoria pós-colonial mostram a multiplicação tanto dos objetos quanto dos sujeitos de saber: Spivak (1942-) é uma crítica indiana radicada nos Estados Unidos, vinculada à prestigiosa Universidade de Columbia – tal como o antropólogo Edward Said (1935-2003), de origem palestina. Frantz Fanon (1925-1961), psicólogo e ensaísta marxista, era francês nascido na Martinica. Outros exemplos importantes de intelectuais que produziram com base em experiências de diásporas e de contextos pós-coloniais são Stuart Hall (1932-2014), sociólogo jamaicano que se radicou no Reino Unido, e o crítico indiano Homi Bhabha (1949-), radicado nos Estados Unidos. Uma rápida análise da biografia desses intelectuais permite perceber que, apesar de nascidos em ex-colônias, todos são integrantes de elites locais que desenvolveram suas carreiras nas antigas metrópoles imperiais.*

principais premissas iluministas, atentando para os impactos e desdobramentos desse processo nas humanidades. Primeiramente, vimos como o desmoronamento da crença na razão e no progresso levou ao abalo do racionalismo e do cientificismo, assim como à falência das grandes ideologias e teorias explicativas sobre o social (como o marxismo e o liberalismo). Em seguida, consideramos como as mudanças de percepção a respeito da relação entre natureza, ser humano e sociedade possibilitaram o reconhecimento da natureza social dos fenômenos humanos, favorecendo uma profunda renovação dos modelos disponíveis para pensar o social e o progressivo distanciamento das ciências humanas dos modelos cientificistas, positivistas e biologizantes. Finalmente, discutimos como a crítica à ideia de sujeito universal levou à emergência de novas vozes e à renovada valorização das diferenças e particularidades e do que veio a ser chamado de *diversidade cultural*, em um processo relativo tanto a questões teóricas e epistemológicas quanto a questões sociais e de poder.

Atividades de autoavaliação

1. Leia atentamente as premissas a seguir e, depois, assinale a alternativa correta sobre elas:
   I) O ideário iluminista pregava a liberdade religiosa, de pensamento e de expressão. Como consequência, inspirou movimentos que reivindicavam o fim do absolutismo, a substituição da monarquia pela república e o fim do colonialismo.
   II) O enfraquecimento da crença iluminista na razão teve como resultado a negação da possibilidade de produção de saberes científicos.

III) A centralidade do Iluminismo na constituição da modernidade foi tamanha que ele se fez sentir no mundo inteiro, tendo os mesmos efeitos nos mais distintos rincões do planeta.

a) Somente as premissas I e II são verdadeiras.
b) Somente as premissas I e III são verdadeiras.
c) Somente as premissas II e III são verdadeiras.
d) Todas as premissas são falsas.

2. Leia atentamente as proposições a seguir. Em seguida, assinale a alternativa correta sobre elas:

I) O pensamento universalista, de vertente francesa, e o particularista, de vertente alemã, coexistiram ao longo do século XIX. Grande parte das mudanças observadas no pensamento social, na passagem para o século XX, pode ser atribuída à mudança de forças relativas entre ambas as perspectivas: enquanto a primeira foi hegemônica quando da primazia do ideário iluminista, a segunda foi fonte de inspiração para os movimentos de crítica ao projeto de modernidade e passou a ganhar força e adeptos no decorrer do novo século.

II) É possível afirmar que o evolucionismo social foi uma teoria social sobre a diferença. De caráter universalista e determinista, sustentava que o progresso era imanente à humanidade e que o desenvolvimento da nossa espécie seria unilinear, de maneira a ser possível hierarquizar os distintos grupos e sociedades em uma única linha evolutiva que tinha, em sua base, as chamadas *sociedades primitivas* e, em seu topo, a civilização moderna.

III) Apesar de a Declaração Universal dos Direitos Humanos, aprovada pela Organização das Nações Unidas (ONU), datar do ano 1948, ela é inspirada em valores iluministas cultivados no século XVIII.

a) Somente as proposições I e II são verdadeiras.
b) Somente as proposições I e III são verdadeiras.
c) Somente as proposições II e III são verdadeiras.
d) Todas as proposições são verdadeiras.

3. Leia atentamente os itens a seguir. Na sequência, assinale a alternativa correta sobre elas:

I) O pós-modernismo, o pós-estruturalismo e o pós-colonialismo são nomes distintos para o mesmo movimento de crítica ao projeto de modernidade ocidental e distinguem-se apenas pela dimensão na qual se manifestaram. Enquanto o pós-modernismo foi um movimento relativo ao mundo artístico e o pós-estruturalismo, ao mundo intelectual, o pós-colonialismo representou a crítica à modernidade no campo político.

II) A emergência de novas e múltiplas temáticas de estudo no campo do pensamento social é reflexo de um movimento duplo. De um lado, foi o resultado do desenvolvimento de pesquisas e reflexões das várias áreas disciplinares que se distanciaram de abordagens deterministas e universalizantes, passando a atentar para as particularidades de casos e contextos específicos. De outro, foi fruto de uma série de eventos e lutas políticas, particularmente da busca realizada por novos atores sociais por reconhecimento e direitos.

III) A história do pensamento social do século XX está repleta de exemplos que evidenciam uma estreita relação entre ciência, produção de saber e poder. Com base nessa constatação, o ofício de historiadores e cientistas sociais complexificou-se, pois colocou em pauta a existência de implicações políticas e éticas de nosso trabalho.

a) Somente os itens I e II são verdadeiros.
b) Somente os itens I e III são verdadeiros.
c) Somente os itens II e III são verdadeiros.
d) Todos os itens são falsos.

4. Leia atentamente as premissas que seguem. Depois, assinale a alternativa correta sobre elas:

I) Por meio do estruturalismo, a linguagem ganhou novo estatuto no pensamento social e passou a ser objeto de reflexão nas mais diversas áreas. Um dos desdobramentos desse processo foi o chamado *giro linguístico*, movimento que, apesar de ter sido geral, se fez sentir de maneiras distintas em cada disciplina. Na história, ele implicou importantes disputas e crises, pois, ao colocar em xeque o estatuto de verdade, teve consequências na maneira de se pensar a verdade histórica, o fato histórico e mesmo o dado ou documento histórico.

II) A partir dos anos 1970, a atenção à questão das linguagens terminou por colocar em evidência o texto historiográfico. Surgiu, assim, uma série de experimentações narrativas na área. A percepção da estreita relação entre o meio de comunicação e o conteúdo do que era comunicado fez essas novidades terem implicações que não se limitavam a questões estilísticas, pois se percebeu que na própria escrita da história havia questões epistemológicas.

III) Na história, enquanto alguns autores festejaram os ganhos teóricos colocados pela adoção de modelos mais interpretativistas, outros apontaram os riscos da adoção de abordagens excessivamente relativistas. Fato é que os entusiastas de uma história-arte saíram vitoriosos, estabelecendo que a história não é uma ciência e, sim, um gênero literário.

a) Somente as premissas I e II são verdadeiras.
b) Somente as premissas I e III são verdadeiras.
c) Somente as premissas II e III são verdadeiras.
d) Todas as premissas são verdadeiras.

5. Leia atentamente os itens a seguir. Em seguida, assinale a alternativa correta sobre elas:

I) A metáfora predominante nas ciências humanas para se pensar a sociedade, até o início do século XX, era a biológica. Imaginavam-se os corpos sociais à semelhança dos organismos vivos: um conjunto de órgãos articulados, cada um responsável pelo desempenho de determinada função.

II) A adoção da linguagem e do texto como modelo principal para se pensar o social significou o reconhecimento de que a verdade histórica é relativa e depende exclusivamente da interpretação do historiador.

III) Na segunda metade do século XX, progressivamente, outro paradigma passou a reger a representação metafórica do social. A imagem dominante passou a ser a de uma estrutura semelhante à da linguagem: ainda um sistema com partes coordenadas e funções, porém, com foco mais nas implicações das relações entre as partes do que nas suas funções tomadas isoladamente.

a) Somente os itens I e II são verdadeiras.
b) Somente os itens I e III são verdadeiros.
c) Somente os itens II e III são verdadeiros.
d) Todos os itens são falsos.

Atividades de aprendizagem

Questões para reflexão

1. Em sua obra *A era dos extremos*, Hobsbawm (1995, p. 15) afirma que a "principal tarefa do historiador não é julgar, mas compreender, mesmo o que temos mais dificuldade para compreender" e acrescenta que dificulta essa tarefa, "não apenas nossas convicções apaixonadas, mas também a experiência histórica que as formou". Como vimos neste capítulo, ao longo do século XX, as noções de *ciência*, *realidade* e *objetividade* foram questionadas e revisadas. Assim, a preocupação com a capacidade de compreensão passa longe de expectativas em relação a alcançar uma objetividade absoluta (posto que ela não existe). O objetivo de historiadores e outros pensadores sociais passou a ser construir apreensões críticas e reflexivas da realidade. Nesta atividade, propomos a você que reflita sobre os limites de observações objetivas, críticas e reflexivas, por meio de um evento particular de sua livre escolha. Os contextos contemporâneos brasileiro e internacional estão repletos de eventos de grande importância histórica, com o poder de moldar o futuro. Sugerimos que você

selecione um que pareça ter esse grau de relevância. Procure, então, listar quais seriam os obstáculos que você, como historiador, enfrentaria para analisar compreensivamente o evento em questão. Utilize o comentário de Hobsbawn como inspiração: procure explicitar (1) de que maneira você experienciou historicamente esse evento, para então (2) identificar quais "convicções apaixonadas" poderiam estar comprometendo sua compreensão do fato.

2. A emergência de novas vozes, tanto no universo político quanto no mundo acadêmico, obrigou os historiadores a reverem suas perspectivas analíticas, principalmente por complexificar e multiplicar os protagonismos históricos. Discuta com seus colegas que implicações há, para os historiadores, no fato de que nossas narrativas precisam contemplar uma grande variedade de pontos de vista ao mesmo tempo.

Atividade aplicada: prática

1. Assista ao documentário *She's Beautiful When She's Angry* (*Ela é linda quando está brava*), de 2014, com direção de Mary Dore. Depois, discuta com seus colegas os temas da produção de conhecimento a respeito das mulheres, e da construção coletiva da identidade feminina.

SHE IS BEAUTIFUL when she is angry. Direção: Mary Dore. EVA: Netflix, 2014. 92 min.

Capítulo 3
Tradições historiográficas
europeias no século XX

No livro *A operação historiográfica*, de Michel de Certeau (2011b), o autor menciona que um dos grandes dramas dos historiadores é selecionar, entre um material virtualmente infinito, quais elementos devem ser usados para compor sua história.

Já comentamos que nossos critérios de escolha para a escrita desta obra foram basicamente dois: o fato de orientarmos nossas discussões pelas tradições mais consolidadas da historiografia brasileira e de optarmos pelos clássicos mais recorrentes, seja na bibliografia, seja nas ementas de disciplinas dos cursos de História. Mesmo assim, algumas tradições importantes precisaram ficar de fora, não necessariamente por serem alheias a nossos ideais, mas porque aqui não há espaço suficiente para tratar de todas as vertentes importantes, mesmo que brevemente. Apresentaremos a seguir uma justificativa mais pormenorizada sobre o motivo de os tópicos dos quais trataremos serem efetivamente os selecionados entre tantas outras opções disponíveis.

Neste capítulo, apresentaremos três tradições intelectuais específicas de distintos países europeus que entendemos ser indispensáveis: a escola dos Annales, francesa; a escola de Frankfurt, alemã; e a *New Left*, britânica. A primeira porque, entre as tradições intelectuais estrangeiras, a francesa é, sem dúvida, a que maior influência exerceu sobre o pensamento social brasileiro de modo geral. No caso particular da nossa historiografia, a presença dos autores franceses é muito recorrente e é praticamente impossível que qualquer historiador formado no Brasil não tenha ao menos ouvido falar nos historiadores dos Annales. A Escola de Frankfurt e a *New Left*, por sua vez, se comparadas aos Annales, chegaram bastante tardiamente ao contexto brasileiro: enquanto os textos franceses eram lidos em nosso país desde pelo menos o final da década de 1930, os alemães e os ingleses só se tornaram de conhecimento generalizado a partir da década de 1980. De qualquer forma, esses três movimentos fazem parte da nossa seleção, porque, desde que se tornaram uma bibliografia conhecida, são leituras obrigatórias dos historiadores brasileiros.

Reservamos um último tópico neste capítulo para tratar brevemente de alguns movimentos historiográficos mais gerais e internacionalizados. O caso é diferente da França, da Alemanha e da Inglaterra, porque tais movimentos não podem ser enquadrados exclusivamente em contextos nacionais, pois foram gestados em parceria com historiadores de vários países. A esse respeito, selecionamos quatro deles para apresentar e discutir brevemente neste livro: a *world history*, a micro-história, a cliometria e o giro cultural, que se desdobra em alguns temas específicos.

Esperamos que, ao final da leitura deste capítulo, você seja capaz de identificar as características mais importantes em cada movimento historiográfico, bem como conheça as indicações introdutórias por meio das quais poderá iniciar uma pesquisa mais aprofundada sobre essas tradições.

(3.1)
França: escola dos Annales

Em outubro de 1929, dois historiadores franceses – Marc Bloch e Lucien Febvre, professores da Universidade de Estrasburgo – lançaram o primeiro número da revista *Annales d'histoire économique et sociale* (*Anais de história econômica e social*). A proposta da nova revista era ousada: romper com o tipo de história dominante naquele momento. De acordo com os dois estudiosos, a história então escrita na França tinha três problemas fundamentais: em primeiro lugar, seria uma simples narrativa de acontecimentos; em segundo, estaria focada quase exclusivamente em eventos políticos, guerras e na vida de grandes homens; e, em terceiro, seria pouco aberta à produção de outras disciplinas. Em contraposição à história narrativa, Bloch e Febvre ofereciam uma história construída com base em problemas. Contrastando com o foco na política e nas guerras, a proposta dos Annales era levar em conta aspectos econômicos, sociais e culturais. Além disso, em vez de examinar apenas a história de grandes homens, queriam trazer para o primeiro plano o protagonismo de outros agentes históricos, por exemplo, membros da classe trabalhadora, camponeses e outras pessoas comuns. Finalmente, opondo-se à falta de diálogo, a nova proposta era oferecer uma história atenta e aberta às contribuições de outras disciplinas, como a sociologia, a economia, a psicologia, a linguística, a geografia e a antropologia social (Burke, 1991).

O movimento iniciado em Estrasburgo – cidade na fronteira entre a França e a Alemanha, e distante de Paris, o grande centro francês de produção de conhecimento – foi tanto uma das várias respostas intelectuais (ou seja, filtradas pelas lógicas do campo intelectual) aos impasses políticos e econômicos provocados pela estagnação do liberalismo mundial quanto um desafio aos historiadores franceses que dominavam a produção do campo intelectual de seu país. Ao longo da década de 1930 e até o final da Segunda Guerra Mundial, os historiadores dos Annales ocuparam o lugar de revolucionários no campo intelectual francês, combatendo, com sua produção, as forças constituídas – aquilo que eles chamavam de *história tradicional*. Durante esse período, suas propostas se tornaram mais influentes e, ao mesmo tempo, seus proponentes, aos poucos, galgaram posições mais importantes no campo intelectual francês: em 1933, Lucien Febvre foi indicado para uma cátedra no prestigioso *Collège de France*; em 1936, Marc Bloch tornou-se professor de História Econômica na Universidade de Paris; em 1938, Fernand Braudel, que se aproximara de Febvre havia poucos anos, ingressou como professor na

École Pratique de Hautes Études. Em outras palavras, isso significou que os historiadores desse movimento tanto haviam deixado a província e se instalado em Paris, distribuindo-se em diversas das instituições mais importantes da intelectualidade francesa, quanto começaram a recrutar jovens promissores para continuar seu projeto.

A Segunda Guerra Mundial causou estragos ao mundo intelectual francês. Entre as perdas da guerra, consta Marc Bloch – fuzilado pelos nazistas em 1944. No entanto, isso não significou o enfraquecimento dos Annales. Ao contrário, o fim do conflito marcou o início da hegemonia desse movimento na historiografia francesa. A partir de 1945, o tipo de história proposto pela revista, antes entendido como revolucionária, tornou-se o padrão de produção. A segunda fase da escola dos Annales, iniciada nesse momento, foi dominada pela figura de Fernand Braudel. Conforme o historiador britânico Peter Burke, "essa segunda fase do movimento [é a] que mais se aproxima verdadeiramente de uma 'escola', com conceitos diferentes (particularmente estrutura e conjuntura) e novos métodos (especialmente a 'história serial' das mudanças na longa duração)" (1991, p. 8).

Ao longo dos anos 1950 e 1960, Braudel alçou-se à condição de historiador mais importante da França, liderando a revista e uma série de historiadores que, em maior ou menor grau, compartilhavam de seu programa teórico e de pesquisa. Esse programa estava focado justamente nas análises das relações entre as diferentes estruturas temporais – a longa, a média e a curta duração –, bem como em uma metodologia que valorizava fontes passíveis de serem quantificadas, como listas de preços, censos populacionais, livros de nascimentos, casamentos e óbitos etc.

A terceira fase desse movimento começou em 1968 – de fato, um momento decisivo para todo o pensamento social. Esse ano – "o ano que não terminou" –, foi marcado por uma série de acontecimentos no mundo todo que escapavam dos modelos explicativos das ciências sociais, da história, da filosofia, enfim, dos instrumentos disponíveis no pensamento social.

Se você fizer uma pesquisa rápida, descobrirá que 1968 foi um ano bastante intenso no mundo todo: houve a Primavera de Praga, com as respostas da já extinta União Soviética (URSS); os protestos estudantis e depois a greve geral na França; a Guerra do Vietnã e a oposição à guerra nos EUA, bem como os assassinatos de Robert Kennedy e Martin Luther King; no contexto brasileiro, houve o endurecimento do regime militar por meio do AI-5; entre outros episódios. Isso tudo, além de sacudir o mundo de maneira geral, balançou também o universo mais restrito do pensamento social. O principal conflito do universo intelectual foi entre grandes pensadores, professores das universidades mais importantes do mundo, e os estudantes. Para uma parte dos intelectuais que constituíam o *establishment* desse universo, os protestos estudantis eram sem sentido, apenas uma bobagem de jovens ou ainda birra de uma geração que crescera sem as agruras da guerra. Para os jovens, a postura de seus professores era arrogante e mostrava profunda desconexão com seus interesses e com o mundo que se desenhava naquele momento. No entanto, isso não foi uma divisão homogênea, pois outra parte dos professores e pensadores apoiou os estudantes e tentou refletir com eles sobre o que estava acontecendo. O primeiro resultado disso, grosso modo, foi a constatação de que a dificuldade de alguns pensadores em serem empáticos com os movimentos que marcavam o momento era também fruto da incapacidade dos grandes modelos explicativos de sociedade disponíveis naquele contexto de dar conta de compreender 1968 e seus desdobramentos. O segundo resultado foi uma grande fragmentação nas teorias, nos objetos, nas abordagens – abandonaram-se os grandes modelos explicativos e a pretensão de explicações universais, enquanto, de maneira geral, o foco das pesquisas reduziu-se para fenômenos mais específicos (Hobsbawm, 1995).

No caso dos Annales, isso significou, por um lado, o desmanche da homogeneidade teórica e temática que se tinha esboçado até então, ao mesmo tempo, resultando em maior diversidade analítica, inclusive com a recuperação de temas como a **história política** e a **história narrativa**. Por outro lado, significou também a diminuição da ascendência intelectual de seus membros na França – os Annales ainda eram poderosos, mas agora havia outros grupos que disputavam o mesmo espaço, concorrendo pela legitimidade intelectual. Foi também nesse contexto que Braudel deixou a direção da revista e novos nomes se consolidaram, como Jacques Le Goff, George Duby, Pierre Nora, Jacques Revel, Philippe Ariès e Michel Vovelle. Essa terceira geração se unificou em torno da bandeira da diversidade, defendendo uma **nova história** aberta a diversas influências e disposta a experimentações (ecoando, em certa medida, as propostas originais de Bloch e Febvre).

Alguns analistas falam de uma quarta geração dos Annales, que teria começado no final da década de 1980, depois da Queda do Muro de Berlim. Fala-se também de uma quinta geração, que controla a revista nos dias de hoje. Para essas últimas gerações, é mais difícil identificar unidades temáticas, programas teóricos ou de pesquisa ou mesmo disputas coletivas por espaços institucionais. A revista continua sendo referência internacional das mais importantes, embora a ideia de uma escola ou um movimento unificado não seja mais tão pertinente.

A intelectualidade brasileira tradicionalmente tem uma relação de forte proximidade com a cultura francesa. No caso dos historiadores, isso é especialmente verdadeiro. Ao longo do século XX, boa parte dos grandes nomes de nossa historiografia teve parte de sua formação marcada por uma ou mais passagens pela França. Somente esse trânsito já seria suficiente para aproximar a historiografia brasileira da produção dos Annales, dado que ela era dominante em seu país. Mas, além disso, o próprio Braudel, no início de sua carreira, fez parte da chamada *missão francesa*, que ajudou a constituir a Universidade de São Paulo (USP) (Miceli, 2001). Portanto, durante alguns anos, na década de 1930, Braudel viveu em São Paulo, ministrando aulas na recém-fundada Faculdade de Ciências e Letras, uma das primeiras criadas para a nova universidade. Em função da relação tradicional dos intelectuais brasileiros com a França, somada aos contatos pessoais e institucionais facilitados por Braudel e outros historiadores dos Annales, a presença dessa produção no Brasil, foi marcante desde seu início. Por isso, os historiadores dos Annales são, até hoje, referência obrigatória em nossa historiografia.

(3.2)
Alemanha: escola de Frankfurt

Em 1923, por iniciativa de Felix Weil, um jovem marxista, foi fundado o Instituto de Pesquisa Social na cidade de Frankfurt, na Alemanha, que foi imediatamente anexado à Universidade de Frankfurt. A proposta inicial era reunir diferentes linhas de pensamento marxista no mesmo espaço e, dessa forma, colaborar com o desenvolvimento do materialismo histórico. O conjunto de intelectuais que se associaram ao Instituto ficou conhecido como *escola de Frankfurt* – embora tal denominação raramente tenha sido usada por seus membros. Entre as diferentes formações que lhes caracterizavam, havia filósofos, sociólogos, psicólogos, economistas, críticos literários etc. (Wiggershaus, 2002).

Nos primeiros anos da escola de Frankfurt, não havia um programa de pesquisa comum e, por isso, cada membro conduzia suas investigações de acordo com seus interesses particulares. Somente a partir de 1930, quando Max Horkheimer assumiu a direção do Instituto, os frankfurtianos ganharam um programa de trabalho coletivo, vinculando as diversas habilidades de cada pesquisador a objetivos comuns. A proposta de Horkheimer era desenvolver a "teoria crítica", cuja principal pretensão era aproximar a filosofia e as pesquisas sociais empíricas, tentando transformar esses dois tipos de conhecimento em um todo único, articulado dialeticamente – ou, no vocabulário marxista, unir teoria e práxis. Em termos mais concretos, o projeto constituía-se na tentativa de incorporar todas as disciplinas de pesquisa social empírica em uma teoria materialista geral da sociedade, o que implicava também a ampliação do repertório marxista tradicional para novas áreas teóricas. Nesse sentido, houve a incorporação de outras linhas de pensamento, principalmente a filosofia existencialista, a psicanálise e a sociologia weberiana. Além disso, a teoria crítica pretendia se opor à teoria tradicional então em voga, o que significava afirmar a especificidade das ciências humanas em relação às ciências naturais.

Seguindo Weber, Horkheimer defendia que os cientistas sociais, por serem parte de uma sociedade, necessariamente eram moldados pelos potenciais e limitações de seu contexto histórico. Assim, o ponto de vista desses cientistas sociais sobre seus objetos de estudo – as sociedades – era, necessariamente, determinado pelas condições sociais em que eles foram formados. Como consequência desse raciocínio, os cientistas sociais não poderiam ansiar pela verdade absoluta, pois seu ponto de vista era condicionado e limitado pelas próprias condições sociais e históricas. Portanto, nós, historiadores e cientistas sociais, de fato, estaríamos sempre condenados a refazer as pesquisas a cada nova geração.[1] Assim, o que determinaria as questões pertinentes para as ciências sociais seriam os problemas de cada contexto presente. Quer dizer: os problemas históricos com que você precisará lidar não são produtos do passado que porventura você estiver estudando, mas, ao contrário, nascem em seu presente. Portanto, as questões que você terá de examinar só podem ser feitas nos dias de hoje e, da mesma forma, o mesmo se reflete para historiadores do futuro. Esse pressuposto implica que a teoria crítica deveria, então, renovar-se constantemente, de acordo com os novos problemas que o passar do tempo traria (Weber, 2004; Wiggershaus, 2002).

Inicialmente, uma das questões centrais no direcionamento da teoria crítica era entender por que, na sociedade capitalista daquele momento, as tensões entre as classes sociais, que deveriam se desdobrar em conflitos por conta dos processos econômicos, permaneciam em estado de relativa latência. Para investigar essa situação e outras a ela relacionadas, as pesquisas do Instituto foram divididas em três áreas. A primeira se constituía em análises econômicas, especialmente da chamada *fase pós-liberal do capitalismo* (ou seja, após a Crise de 1929), e foi liderada por Friedrich Pollock. A segunda, uma investigação sociopsicológica liderada por Erich Fromm, analisava a socialização dos indivíduos – como se integravam, bem ou mal, aos diversos grupos de que faziam parte. A terceira, finalmente, era uma análise cultural, liderada por Theodor Adorno e Leo Löwenthal, e tinha por objetivo discutir os efeitos causados pela indústria cultural na sociedade contemporânea (Honneth, 1996).

---

1   *Se você quiser saber mais sobre a condição de "eternamente jovens" das ciências sociais (nas quais a história está incluída), sugerimos que leia o ensaio "Ciência como vocação", do sociólogo alemão Max Weber (2004).*

Ao longo da década de 1930, esses pesquisadores avançaram em seus respectivos projetos, acreditando que a teoria crítica colaborava com a causa da revolução do proletariado, especialmente por meio da explicitação dos mecanismos de dominação cultural, que a teoria marxista clássica deixara praticamente intocados. Contudo, com a ascensão do nazismo na Alemanha, do stalinismo na União Soviética, do fascismo italiano, do franquismo na Espanha, entre outros regimes autoritários, e com o avanço da indústria cultural em todo o mundo, a crença dos frankfurtianos nos valores positivos do progresso foi aos poucos sendo substituída por uma filosofia negativa da história. Essa nova perspectiva se consolidou com o agravamento da situação política europeia e com o início da Segunda Guerra Mundial. Como vários dos membros do Instituto eram judeus, consequentemente, sofreram perseguição na Alemanha e, por isso, a maior parte deles acabou fugindo da Europa, exilando-se nos Estados Unidos (Hobsbawm, 1995).[2]

Por meio da ampliação do escopo de investigação, saindo de uma análise do sistema capitalista para outra, que levava em conta o processo civilizatório como um todo, Adorno e Horkheimer desenvolveram a tese pessimista de que o progresso era um caminho negativo

---

2 *Em 1935, o Instituto de Pesquisa Social de Frankfurt foi transferido para Nova Iorque, nos EUA, e foi temporariamente incorporado à Universidade de Columbia – uma das universidades mais prestigiosas do mundo. O motivo da transferência foi a perseguição dos nazistas, que vários frankfurtianos vinham sofrendo. Durante todo o período da Segunda Guerra Mundial, o Instituto funcionou em Nova Iorque, voltando para Alemanha apenas em 1950, cinco anos após o término do conflito. Adorno, Horkheimer, Pollock e outros membros da escola de Frankfurt continuaram trabalhando em suas pesquisas nos EUA, durante seu exílio. Walter Benjamin, em contraste, não teve a mesma sorte de seus colegas, pois não conseguiu fugir da Europa a tempo – acabou suicidando-se na fronteira entre a França e a Espanha em 1940, temendo que a polícia espanhola o entregasse para os alemães, visto que era judeu.*

para a humanidade – perceba, aqui, a presença do impacto da quebra na crença do progresso sobre a teoria social, que comentávamos no capítulo anterior.

Segundo os autores, os atos originais de dominação dariam início a uma espiral crescente de reificação, cuja conclusão lógica seria o fascismo. Em outras palavras, o processo civilizatório seria marcado pela contínua transformação de certezas subjetivas em realidades sociais (senão objetivas, ao menos funcionais) que estimulariam, a cada passo, novas modalidades de autoritarismo (Honneth, 1996). Um exemplo concreto dessa reificação (ou dessa objetificação de certezas subjetivas), que se encontrava no final de um longo processo histórico, eram as opiniões dos nazistas a respeito de si mesmos e dos judeus. Partindo única e exclusivamente de preconceitos, sem absolutamente nenhum dado comprobatório confiável, os nazistas concluíram que os judeus seriam uma raça inferior e, ao mesmo tempo, que os arianos seriam uma raça superior de seres humanos. Não bastasse isso, transformaram essa certeza subjetiva, primeiro, em uma política de Estado e, segundo, em genocídio.[3]

Os proponentes da teoria crítica – com destaque para Adorno e Horkheimer –, desse momento em diante, concluíram que não deveriam mais se envolver na militância política propriamente dita, visto que toda práxis política seria, no limite, voltada para algum tipo de controle e, portanto, implicava um ato de dominação. Sendo assim, essa práxis não poderia ser considerada um caminho positivo de ação no mundo. A passagem de uma filosofia positiva, caracterizada pela crença no progresso e nos valores da revolução, para uma

---

[3] *Caso você tenha interesse tanto no tema do processo civilizatório quanto nos desdobramentos sociais e culturais resultantes no nazismo, sugerimos a leitura dos livros* Os alemães *(1997) e* O processo civilizador *(1995), ambos do sociólogo alemão Norbert Elias.*

filosofia negativa e pessimista, na qual o progresso perde seu valor e o futuro se torna necessariamente ruim, é também o que marca o fim da primeira fase da escola de Frankfurt e o início da segunda (Honneth, 1996). Conforme alguns críticos, como Nikolas Kompridis, nessa segunda fase, Adorno e Horkheimer se debateram com uma série de problemas filosóficos insolúveis e, portanto, não avançaram quase nada no desenvolvimento de sua teoria crítica.

Em 1950, o Instituto foi reaberto em Frankfurt, embora com grande dispersão de projetos intelectuais de seus membros. Em meados dessa década, um jovem promissor começou a trabalhar como assistente de Adorno e, em alguns anos, tornou-se o principal nome da segunda geração da escola de Frankfurt. Jürgen Habermas trouxe um novo repertório teórico para o Instituto, dialogando com a antropologia filosófica, com a hermenêutica, o pragmatismo e, sobretudo, a análise linguística. Um dos principais temas de pesquisa de Habermas é a chamada *teoria da ação*, que ele desenvolveu especialmente com base em uma proposta ativa de transformação social. Conforme Habermas, os agentes sociais atuam fundamentalmente com o objetivo de satisfazer as necessidades e os desejos individuais – o que o autor chama de *ação estratégica*. Sua proposta é que paulatinamente deixe-se de lado a **ação estratégica** e se adote uma **ação comunicativa**, caracterizada pela busca do entendimento mútuo e pela construção conjunta de objetivos coletivos, determinados pelo diálogo e pelo consenso. Nesse sentido, Habermas reintroduz a esperança em um futuro melhor para a humanidade, que fora abandonada por Adorno e Horkheimer, embora sem implicá-la em uma filosofia da história determinada, e sim apenas na possibilidade de uma construção ativa e coletiva, que depende justamente da generalização da ação comunicativa.

No Brasil, diferentemente do que aconteceu com a escola dos Annales, os frankfurtianos não foram acompanhados desde o início de sua produção. O trânsito dos intelectuais brasileiros nos ambientes alemães era muito mais discreto do que o mesmo trânsito na França. Somente a partir dos anos 1970 alguns pioneiros começaram a traduzir e publicar as obras dos membros da escola de Frankfurt. Sua leitura se tornou generalizada da década de 1980 em diante e, desde então, virou uma referência incontornável para uma série de temas, como a indústria cultural.

(3.3)
INGLATERRA: *NEW LEFT*

Até meados dos anos 1950, no mundo todo, a grande força política de esquerda eram os partidos comunistas. Estes, por sua vez, respondiam às diretrizes do Partido Comunista da União Soviética, que determinava a doutrina oficial e articulava as movimentações políticas dos militantes espalhados pelo globo. Com a morte de Stalin em 1953, o subsequente desvelamento de seus crimes em 1956 e, finalmente, a invasão da Hungria por tropas soviéticas, também em 1956, as esquerdas, de modo geral, sofreram um choque, abalando o poder e a influência dos partidos comunistas. Uma série de rompimentos se iniciou, e muitos dos partidos comunistas perderam vários de seus militantes que, insatisfeitos e decepcionados com a postura soviética, abandonaram suas hostes. Ao mesmo tempo, determinado conjunto de movimentos sociais, cuja base não era de classe econômica, mas construída a partir de outros recortes identitários (o feminismo, os movimentos estudantis, o pacifismo, as lutas contra o colonialismo, os movimentos ecológicos, entre outros), cresceu em visibilidade. Junto a dissidentes comunistas e alguns militantes de outros grupos de esquerda, como os anarquistas e os socialistas, esses movimentos passaram a se agrupar sob o rótulo genérico de *New Left* (ou Nova Esquerda). Ampliando o leque da militância para além das questões trabalhistas e de classe, incluindo os problemas da construção da igualdade de gênero, direitos civis, combate ao racismo, descolonização, as pautas específicas dos estudantes, os debates sobre as guerras e o meio ambiente e, especialmente, levantando as bandeiras da democracia participativa e da necessária crítica ao "sistema", essa Nova Esquerda foi se fortalecendo ao longo da década de 1960, angariando simpatizantes em todos os lugares (Bottomore, 1996).

Na Inglaterra, antes da crise instaurada pelos eventos de 1956, o Partido Comunista da Grã-Bretanha (PCGB) tinha uma divisão interna formada por historiadores. Entre eles estavam Eric Hobsbawm, Christopher Hill, Maurice Dobb, George Rudé e, o mais famoso deles, Edward Palmer Thompson. Até 1956, esse grupo trabalhou de modo relativamente afinado aos interesses do Partido e, em contraste com a situação de intelectuais em outros partidos comunistas do mundo, com bastante liberdade de pensamento. O grupo promovia debates, realizava palestras públicas, publicava artigos e livros, traduzia textos marxistas clássicos etc. No entanto, a relação com o PCGB mudou a partir de 1956, quando muitos (embora não todos) romperam com o comunismo partidário e acabaram se juntando aos movimentos da *New Left* – inclusive ocupando lugar de relevo em sua organização.

Logo na sequência do rompimento, Thompson e alguns companheiros fundaram uma revista, chamada *New Reasoner*, que em pouco tempo se tornou um dos mais importantes veículos de discussão das ideias da nova esquerda. Em 1959, a *New Reasoner* foi fundida com a *Universities and Left Review*, sendo rebatizada *New Left Review* – revista que continua atuante até os dias de hoje. A importância do periódico cresceu e atraiu a colaboração de outros intelectuais marxistas.

No entanto, em 1963, Thompson e seus companheiros mais próximos se desentenderam com um novo grupo que também participava da edição da revista e acabaram deixando a *New Left Review*. Quem assumiu seu controle foi Perry Anderson, iniciando a segunda fase do periódico.

Durante a primeira fase, quando o grupo de Thompson controlava a revista, os textos publicados eram abertos às diversas pautas da nova esquerda. Todavia, a partir do momento que Anderson se tornou seu editor-chefe, os artigos foram dominados por um debate marxista mais estrito e teórico, com grande presença de intelectuais estrangeiros, como o francês Louis Althusser, que cultivavam o marxismo estruturalista. Alguns anos mais tarde, Thompson entraria em um debate tenso contra esse marxismo, atacando seu excesso de abstração e defendendo tanto a necessidade de se olhar para as experiências concretas da história quanto a de historicizar os conceitos e os instrumentos de análise.

Os historiadores que fizeram parte da primeira fase da *New Left Review*, com destaque para Thompson – tanto no período anterior ao rompimento com o Partido Comunista quanto, mais evidentemente, depois –, realizaram um conjunto de pesquisas que renovou o materialismo histórico. Conforme Hobsbawm (1995), ao contrário do marxismo clássico – cujo objeto fundamental era a estrutura econômica –, os interesses desses historiadores eram voltados para as relações entre a estrutura econômica e a superestrutura cultural e social, inclusive valorizando mais a dimensão superestrutural e negando sua determinação pela estrutura econômica. Essa perspectiva abriu espaço para problemas que o marxismo clássico não havia investigado e terminou por se converter em uma abordagem muito influente na historiografia mundial de vertente marxista. Além disso, esse grupo de intelectuais fez o importante trabalho de historicizar os conceitos marxistas, sobretudo os de **classe** e de **consciência de classe**, por meio da noção de **experiência**. Em oposição ao marxismo estruturalista, que abstraía a história em sua formulação dos problemas, esses historiadores partiam do princípio de que as classes sociais são relações concretas, que só são possíveis na história. Só seria possível entender o que é ser parte da classe trabalhadora, por exemplo, por meio da análise das experiências históricas dos sujeitos que efetivamente compuseram essa classe. Nesse sentido, cada contexto histórico teria as próprias particularidades na conformação das classes e de suas consciências, implicando a existência de grande variedade de modos de dominação e de revoluções, resultando, finalmente, na inadequação de qualquer modelo abstrato universal e normativo. Em outras palavras, em vez de tentar encaixar um modelo teórico pronto sobre uma realidade social, sua postura era procurar nas relações históricas concretas aquilo que caracterizava os sujeitos investigados.

Outra contribuição importante desse grupo de historiadores foi a ideia de uma **história vista de baixo**. Isso significava procurar entender a realidade histórica com base no ponto de vista dos dominados – no caso em questão, majoritariamente as classes trabalhadoras, embora outros grupos também tenham sido objeto de estudo desses pesquisadores. Em diálogo próximo com a antropologia social, sua proposta era tentar apreender os critérios de compreensão de mundo específicos dos grupos dominados, para entender, por exemplo, o que significava ser trabalhador de acordo com os próprios trabalhadores – novamente, a noção de experiência era central nessa abordagem.

É interessante observarmos que, em termos institucionais, esse grupo de historiadores não necessariamente ocupou as posições de maior prestígio. De acordo com alguns analistas, as tradicionais universidades britânicas teriam sido refratárias a professores de esquerda e, portanto, evitavam contratá-los ou, quando o faziam, retardavam seu avanço na carreira (Fortes; Negro; Fontes, 2001). Thompson, por exemplo, seguiu uma carreira errática. Começou no Departamento de Extensão da Universidade de Leeds, como professor de "Educação popular", ministrando cursos livres e não acadêmicos voltados para trabalhadores adultos. Depois de romper com o PCGB, dedicou-se à pesquisa e à militância na nova esquerda, até que, em 1963, publicou sua obra mais famosa, *A formação da classe operária inglesa*. Entre 1965 e 1971, lecionou na Universidade de Warwick. Depois disso, conhecido e reconhecido como um historiador de grande envergadura, deu cursos esporádicos em alguns importantes centros universitários dos Estados Unidos. Hobsbawm, por sua vez, ingressou no Birkbeck College, faculdade da prestigiosa Universidade de Londres, em 1947. Contudo, recebeu sua primeira promoção apenas em 1959 e, a segunda, para o cargo efetivo de professor, somente em 1970. O próprio Hobsbawm atribuía essa demora aos incômodos que suas posições políticas provocavam na instituição. Christopher Hill também teve dificuldades em sua carreira por conta de suas vinculações políticas, tendo sido recusado na Universidade de Keele, em 1949, justamente por ser membro do Partido Comunista.

Essas dificuldades na Inglaterra, entretanto, não atrapalharam a consolidação desses intelectuais no cenário internacional. Desde sua atuação no grupo de historiadores do Partido Comunista, eles estiveram em contato e diálogo com a produção historiográfica de outros países. Suas obras eram lidas e conhecidas em diversos ambientes e, depois da publicação de *A formação da classe operária inglesa*, de Thompson, os trabalhos de todo o grupo passaram a ser procurados como referências fundamentais do que havia de mais interessante na historiografia britânica naquele momento. No Brasil, entretanto, a chegada dessa literatura foi tardia, assim como no caso da escola de Frankfurt. Os primeiros leitores de Thompson e dos demais historiadores da *New Left* surgiram em meados da década de 1970 e, curiosamente, eram antropólogos e sociólogos.

No final dos anos 1970 e início dos 1980, os historiadores brasileiros começam a se apropriar dessa bibliografia, traduzindo e utilizando como referências as obras em questão. Na atualidade, essa produção é importante para qualquer historiador, e uma referência incontornável para a área da história social do trabalho – que, diga-se de passagem, é uma das áreas mais fortes e bem organizadas da historiografia brasileira nos dias de hoje.

(3.4)
Outras tradições

Reservamos o último tópico deste capítulo para comentar brevemente um conjunto de outros movimentos historiográficos, também importantes e influentes, porém mais difíceis de serem enquadrados em contextos nacionais. Selecionamos quatro grandes tendências: a *world history* (ou história global), a micro-história, a cliometria e o chamado *giro cultural*, que se desdobra em diversos recortes. Deste último movimento, mencionamos três de seus desdobramentos: história e memória; história e gênero; e estudos pós-coloniais. Você vai perceber que há alguma sobreposição com as questões discutidas no Capítulo 2 e também com parte do que veremos no Capítulo 5, sobretudo no que concerne ao chamado *giro cultural*.

A história global, normalmente conhecida por sua denominação em inglês, *world history*, é uma tendência da historiografia cujo principal objetivo é tentar conectar os diversos processos que acontecem no mundo em um todo único, um grande sistema articulado. Esse movimento é um retorno, criticamente revisado, da pretensão de se criar, senão grandes teorias explicativas, ao menos conexões que deem sentido mais geral para os processos mundiais. A *world history* começou a se fortalecer durante a década de 1980, especialmente nos Estados Unidos, embora alguns de seus principais nomes, como Immanuel Wallerstein, já produzissem a respeito desde pelo menos meados da década de 1970. Os historiadores dessa perspectiva adotam diversas abordagens em suas pesquisas, entre elas, procurar padrões comuns que emergem em culturas diferentes. Outra é estudar os processos de integração de grupos humanos distintos, que formam um todo maior articulado. Também há aqueles historiadores que, por meio dos contatos culturais, procuram entender a produção de distinções entre os grupos. E, finalmente, como no caso de Wallerstein, há a abordagem sistêmica, que procura integrar as demais e encontrar os princípios de articulação entre as diversas partes do mundo (Wallerstein, 2004).

Em contraste com a *world history*, há a micro-história. Os historiadores adeptos dessa tendência apostam no poder explicativo de uma escala bastante reduzida de análise. Sua proposta é explorar intensamente um aspecto particular da realidade histórica, com grande quantidade e diversidade de fontes (caso seja possível). Contudo, como adverte o historiador italiano Giovanni Levi, não há uma teoria unificada por trás dessa prática (Levi, 1992). Há historiadores dessa linha que se aproximam da antropologia cultural, procurando produzir "descrições densas" de seus objetos de pesquisa, tal como proposto pelo antropólogo estadunidense Clifford Geertz. Outros preferem dialogar com a economia ou a demografia. Também há aqueles que se mantêm mais restritos ao universo dos próprios historiadores como referências fundamentais, apenas reduzindo sua escala de análise. Mesmo assim, a micro-história tem algumas características gerais, das quais destacamos duas. A primeira é justamente a redução da escala de análise, que pode ser realizada de diversas maneiras. A segunda, teórica e metodologicamente mais importante, diz respeito ao problema da falência dos grandes modelos explicativos, tema mencionado rapidamente em outras partes deste livro. A micro-história apareceu, em um primeiro momento, como uma das respostas a essa falência. Em vez de tentar dar conta do todo, esses historiadores resolveram investigar com profundidade casos muito específicos, na esperança de mostrar que, em uma escala microscópica, os processos sociais e culturais são tão sutis e complexos que, conforme o caso, podem questionar ou mesmo invalidar certas explicações macroscópicas. Ao mesmo tempo, os adeptos dessa abordagem não tinham necessariamente um veio iconoclasta, e, portanto, seus trabalhos também visavam, ao menos a princípio, contribuir para reformar as grandes teorias. Entre os trabalhos de micro-história dessa vertente estão o livro *O queijo e os vermes*, do historiador italiano Carlo Ginzburg, no qual ele investiga os processos inquisitoriais que Menocchio, um moleiro italiano, sofreu ao longo de sua vida, até ser executado pela Igreja Católica, no final do século XVI (Ginzburg, 1987); também é digna de nota a obra do historiador francês Emmanuel Le Roy Ladurie, sobre a vila occitânia de Montaillou (Ladurie, 1997); finalmente, outro clássico da área é o livro de Giovanni Levi, *A herança imaterial*, sobre o povoado piemontês de Santena (Levi, 2000).

A cliometria é uma tendência da historiografia aparentada, embora distinta, aos trabalhos quantitativistas realizados por Braudel e seus seguidores na década de 1950. É resultado de um processo interno do universo historiográfico, no qual historiadores sociais e culturais se afastaram dos historiadores da economia. O termo *cliometria* foi cunhado em 1960, pelo economista e matemático Stanley Reiter, para descrever justamente a aplicação das técnicas analíticas da economia a processos históricos. Com o afastamento progressivo entre história social e história econômica – inclusive marcado pela conformação específica dos departamentos de história de parte das grandes universidades do mundo, desde meados do século XX, quando os historiadores da economia passaram a rarear –, a cliometria ganhou espaço, especialmente no universo da economia. Aos poucos, os historiadores da economia foram se aproximando mais dos economistas como parceiros de pesquisa, deixando de lado colegas historiadores. Sua proposta é aproximar técnicas quantitativistas, especialmente as utilizadas na economia, para analisar processos históricos. É interessante notar que os historiadores que se dedicam a esse campo de pesquisa normalmente têm treinamento em outras áreas, como economia ou estatística, o que lhes permite manejar com mais desenvoltura os instrumentos estatísticos e matemáticos necessários para a construção e o processamento dos dados com que trabalham.

O chamado *giro cultural* é o resultado de uma aproximação generalizada de historiadores e antropólogos, especialmente nas décadas de 1980 e 1990. Nessa aproximação, o tema da cultura assumiu lugar central na produção historiográfica. Termos como *história antropológica*, *antropologia histórica* e, especialmente, *história cultural* se tornaram moeda corrente no mundo da historiografia. Você pode estranhar que as datas para essa aproximação sejam tão tardias e, inclusive, desconfiar delas – e terá razão em fazê-lo. De fato, os historiadores vêm olhando para questões culturais há muito mais tempo. O que aconteceu nesse período foi justamente uma generalização, quando os temas da cultura se tornaram predominantes. Uma série de desdobramentos decorreu daí, e inclusive a micro-história pode ser considerada um deles. Gostaríamos, contudo, de destacar três: em primeiro lugar, os estudos de gênero, que, acompanhando a terceira onda do feminismo, estabeleceram-se na historiografia mundial como uma área incontestável. Esses estudos, que começaram investigando o papel das mulheres na história, avançaram, por meio do conceito de gênero, sobre diversos outros objetos: além das feminilidades, também as masculinidades, a teoria *queer*, os gêneros que não se enquadram na divisão binária feminino-masculino etc.

O segundo desdobramento que destacamos são os chamados *estudos pós-coloniais*, resultantes da revisão das histórias das ex-colônias europeias por parte de intelectuais originários dessas ex-colônias. Essa expressão aplica-se especialmente aos processos de descolonização ocorridos no século XX, sobretudo depois da Segunda Guerra Mundial. É por isso que a historiografia brasileira ou a latino-americana não se enquadram nessa categoria, embora também sejamos ex-colônias europeias e parte das reflexões produzidas entre os estudos pós-coloniais tenham sido cada vez mais utilizadas para pensar as realidades americanas.

Um dos temas centrais dos estudos pós-coloniais são as relações tensas que se estabelecem entre culturas diferentes em contextos nos quais elas são hierarquizadas devido a condições desiguais de exercício de poder. Eles tratam das situações de violência e acomodação, das negociações que modificam colonizador e colonizado, das resistências e insistências, bem como dos produtos novos que derivam de tudo isso. Um dos intelectuais mais interessantes dessa área é o crítico literário indiano Homi Bhabha, embora seja autor de textos bastante difíceis (Bhabha, 1998).

Finalmente, o terceiro desdobramento que destacamos é a emergência dos estudos sobre memória. As áreas de história do tempo presente e da história oral são as principais produtoras de reflexão sobre as relações da história com a memória, que são duas formas diferentes, complementares ou não, de lidar com o passado. Começando com estudos e coleta de relatos dos sobreviventes do holocausto nazista, os estudos sobre memória desenvolveram um refinamento teórico profundo para conseguir processar essas diferentes experiências do passado e transformá-las em objeto de reflexão da história. Normalmente, os estudos dessas áreas lidam com testemunhas vivas dos eventos que investigam, gerando exigências que os historiadores habituados a lidar com passados muito distantes não estão acostumados, tendo implicado, então, em uma importante renovação metodológica na disciplina.[4]

Síntese

Nosso objetivo neste capítulo foi apresentar três escolas historiográficas importantes, de perfil nacional, e um breve comentário sobre outras três tradições disciplinares, mais difíceis de serem localizadas em um país específico. Discutimos a escola dos Annales – provavelmente o movimento historiográfico internacional com maior influência sobre os historiadores brasileiros. Comentamos a escola de Frankfurt, que, embora não possa ser descrita como um movimento de historiografia propriamente dito, tem inspirado trabalhos importantes entre os historiadores, especialmente aqueles interessados em indústria cultural, reflexões sobre o capitalismo tardio e releituras contemporâneas do materialismo histórico. Da historiografia britânica, apresentamos o movimento vinculado à *New Left*, chamando a atenção para as renovações teóricas promovidas por eles no campo da historiografia e da teoria marxista. No final do capítulo, discutimos rapidamente outras tendências historiográficas influentes: a *word history*, a micro-história e a cliometria, bem como os efeitos do giro

---

4   *Como leitura introdutória ao tema, sugerimos o livro clássico do sociólogo francês Maurice Halbwachs,* A memória coletiva, *publicado postumamente em 1950 (Halbwachs, 2006). Também pode ser interessante visitar o site do Centro de Pesquisa e Documentação de História Contemporânea do Brasil (CPDOC), da Fundação Getulio Vargas, para conhecer um pouco mais sobre seus trabalhos de história oral.*

cultural para os estudos pós-coloniais, os trabalhos na área de gênero e a consolidação das pesquisas sobre história e memória.

Atividades de autoavaliação

1. Leia atentamente as premissas a seguir e assinale a alternativa correta:

   I) Os historiadores da escola dos Annales defendiam que a história deveria ser escrita com base em problemas, isto é, os textos e a pesquisa seriam construídos em função de questões vinculadas aos interesses teóricos do presente dos historiadores.

   II) A história narrativa foi atacada pela primeira geração dos Annales por ser considerada mera cronologia dos eventos. Contudo, a partir da terceira geração, a narrativa foi reabilitada, mas de maneira renovada, sobretudo pela tomada de consciência dos novos representantes dos Annales da importância que a construção do texto – ou seja, a estruturação da narrativa – tem para a produção dos significados da história.

   III) Embora, no discurso, os historiadores dos Annales atacassem a história política, seus trabalhos concretos são bastante focados nessa temática, sobretudo em sua segunda geração. As reflexões de Braudel, por exemplo, levam em conta, em primeiro lugar, a conjuntura política, para somente daí partir para os contextos de média e as estruturas de longa duração.

   a) Somente as premissas I e II são verdadeiras.
   b) Somente as premissas I e III são verdadeiras.
   c) Somente as premissas II e III são verdadeiras.
   d) Todas as premissas são verdadeiras.

2. Leia atentamente as proposições a seguir. Na sequência, assinale a alternativa correta:

   I) A filosofia da história marxista, núcleo fundamental das referências da escola de Frankfurt, prevê que o modo de produção capitalista entrará em crise por conta de suas contradições internas, resultando em uma revolução do proletariado e, em seguida, na instauração do comunismo. O pessimismo de Adorno e Horkheimer instaurou-se por conta de sua crença de que, sendo esse o destino inevitável da humanidade, não importava como agissem, isso não mudaria em nada o que já estava definido para todos.

   II) Em contraste com o pessimismo da primeira geração da escola de Frankfurt, Habermas, principal líder da segunda geração, acreditava que, por meio de uma transformação nos modos de agir das pessoas, seria possível construir um mundo melhor. Sua proposta se constitui em abandonar as "ações estratégicas", voltadas para a satisfação individual, e assumir uma "ação comunicativa", que visa à construção de consensos por meio de diálogos.

   III) A indústria cultural, tema central das investigações da escola de Frankfurt, é, em resumo, um conjunto de produções voltadas para a alienação da massa populacional, desviando suas atenções dos processos de exploração econômica a que a maioria está submetida.

   a) Somente as proposições I e II são verdadeiras.
   b) Somente as proposições I e III são verdadeiras.
   c) Somente as proposições II e III são verdadeiras.
   d) Todas as proposições são falsas.

3. Leia atentamente os itens a seguir. Em seguida, assinale a alternativa correta:

I) A proposta de uma "história vista de baixo", além de ser resultado de um posicionamento político, também implica consequências epistemológicas importantes. A principal delas, pode-se dizer, é revelar os instrumentos de dominação ocultos, seja nas dinâmicas sociais, seja na escrita de uma história mais tradicional, feita com base no olhar das classes dominantes.

II) Uma das principais características históricas do movimento da *New Left* foi ter articulado diferentes autores marxistas em torno de um projeto de pesquisa comum. Tanto os marxistas mais teóricos, de tendência estruturalista, como Perry Anderson, quanto os mais inclinados às pesquisas empíricas, como Thompson, trabalharam em conjunto para reformar o materialismo histórico, criando um modelo explicativo de sociedade mais abrangente e poderoso.

III) O conceito de *experiência*, tal como elaborado por Thompson, aproxima-se do procedimento antropológico que visa dar voz ao "ponto de vista dos nativos". Em ambos os casos, valoriza-se o que os sujeitos investigados têm a dizer sobre si próprios – e, sendo eles parte de grupos dominados, esse esforço de pesquisa tende a inserir suas vozes de maneira dissonante e, ao mesmo tempo, construtiva nos debates das ciências humanas.

a) Somente os itens I e II são verdadeiros.
b) Somente os itens I e III são verdadeiros.
c) Somente os itens II e III são verdadeiros.
d) Todos os itens são verdadeiras.

4. Leia atentamente as premissas a seguir e assinale a alternativa correta:
   I) A *world history* e a micro-história são abordagens opostas. Enquanto a primeira usa uma escala macroscópica de análise, a segunda foca na menor escala possível. Contudo, não são abordagens excludentes, são apenas diferentes maneiras de se analisar as realidades históricas.
   II) A cliometria é um tipo de história econômica muito mais próximo dos trabalhos feitos por economistas do que os realizados pelos historiadores. Uma das críticas que ela recebe é de ser um tanto anacrônica, especialmente por utilizar as teorias econômicas dos dias de hoje para analisar situações do passado, quando tais teorias não faziam parte do repertório dos agentes históricos estudados.
   III) Os estudos de gênero focam exclusivamente no papel das mulheres na história. Isso é um dos motivos que dificulta a entrada dessa área de estudo nos ambientes mais hegemônicos da historiografia. De qualquer forma, aos poucos, esses estudos têm se consolidado também como uma área de relevância.
   a) Somente as premissas I e II são verdadeiras.
   b) Somente as premissas I e III são verdadeiras.
   c) Somente as premissas II e III são verdadeiras.
   d) Todas as premissas são falsas.

5. Leia atentamente as afirmativas a seguir. Depois, assinale a alternativa correta:

I) Os historiadores franceses, dentre eles os da escola dos Annales, sempre foram presença recorrente entre as leituras dos historiadores brasileiros. Isso se explica tanto pela tradicional influência francesa sobre o pensamento social brasileiro quanto pelos contatos institucionais, dado que a formação da USP, principal universidade brasileira, contou com uma missão de intelectuais franceses, entre eles Fernand Braudel.

II) A escola de Frankfurt só começou a ser sistematicamente estudada e traduzida no Brasil a partir da década de 1980. A demora nessa chegada se explica, em primeiro lugar, pelo incipiente estado de profissionalização dos historiadores brasileiros antes desse período. Somente com a ampliação e diversificação dos cursos de pós-graduação houve interesse em investir no estudo dos frankfurtianos.

III) A *New Left* marcou sua presença no Brasil já na década de 1940, quando as trocas entre os diversos partidos comunistas do mundo se intensificaram. O fato de a URSS ajudar na vitória contra o nazismo abriu espaço para que o comunismo se tornasse uma ideologia política mais bem aceita. Assim, os comunistas brasileiros já conheciam os historiadores ingleses desde o fim da Segunda Guerra Mundial, embora os historiadores em geral só tenham começado a lê-los décadas mais tarde.

a) Somente as afirmativas I e II são verdadeiras.
b) Somente as afirmativas I e III são verdadeiras.
c) Somente as afirmativas II e III são verdadeiras.
d) Todas as afirmativas são verdadeiras.

Atividades de aprendizagem

Questões para reflexão

1. Discuta com seus colegas a importância do marxismo para a historiografia de modo geral e, especificamente, para a escola de Frankfurt e para o movimento da *New Left*. Uma questão que pode orientar a discussão é: Por que o marxismo foi e continua tão importante como instrumental de compreensão das realidades históricas?

2. Embora importantes e influentes, todos os movimentos historiográficos apresentados foram objeto de críticas severas por parte de alguns analistas. Escolha um dos movimentos em questão e procure seus principais críticos. Discuta com os colegas a respeito da pertinência ou não dos comentários que você encontrou.

Atividade aplicada: prática

1. Quando Marc Bloch e Lucien Febvre lançaram a proposta dos Annales, seu principal alvo de ataque eram os historiadores que constituíam o *establishment* das universidade francesas. Nossa sugestão de atividade prática é que você compare o livro *Apologia da história*, de Marc Bloch, à obra *Introdução aos estudos históricos*, de Charles-Victor Langlois e Charles Seignobos. Tais autores eram historiadores consagrados na França naquele momento e seus livros eram um importante manual para os estudantes de História. Procure atentar especialmente para a validade ou não das críticas de Marc Bloch (e dos Annales em geral) aos seus antecessores e, também, à existência ou não de continuidades entre ambos os livros.

Capítulo 4
Historiografia brasileira: pré-profissionalização

Em um interessante artigo sobre as formas e os problemas da historiografia brasileira, João Miguel Teixeira de Godoy (2009, p. 67) comenta que recompor "ou reconstruir a trajetória de uma forma de conhecimento exige uma abordagem que leve em conta sua dimensão temporal". Como nós, o autor também parte da hipótese apresentada por Certeau em seu clássico livro *A escrita da história* (2011a) de que há um nexo e uma relação entre ideias e lugares. Assim, a fim de situar e compreender adequadamente os autores que você lerá ao longo de sua vida acadêmica, muitos dos quais serão brasileiros, será útil ter em mente não apenas as grandes linhas, escolas e tendências mundiais da disciplina, mas também os contextos mais particulares da produção historiográfica no Brasil.

Conforme vimos rapidamente no capítulo anterior e veremos novamente no Capítulo 5, como disciplina, atualmente a história se estrutura muito mais por linhas temáticas e teórico-metodológicas que tendem a cruzar fronteiras nacionais. De fato, essas linhas de força se tornaram parte importante e incontornável do contexto de produção acadêmica e impedem que se possa falar, hoje, em escolas ou tradições nacionais puras. Contudo, em um passado recente, quando obras que ainda hoje são referências fundamentais foram produzidas, os contextos nacionais eram essenciais para situar as preocupações e os interlocutores dos historiadores.

Como entender, por exemplo, o trabalho de Varnhagen sem estudar em conjunto a política imperial de Dom Pedro II e as relações do historiador com o governo brasileiro? Mesmo hoje, o diálogo com as tradições nacionais existentes na primeira metade do século XX tem um papel importante na estruturação de campos de pesquisa historiográfica. Isso ocorre no Brasil, sendo importante ter em mente, por exemplo, os debates entre as análises culturalistas de Gilberto Freyre acerca da escravidão e as análises sociológicas de Florestan Fernandes sobre o mesmo tema para compreender adequadamente os posicionamentos da produção atual sobre a escravidão. Assim, uma vez já situadas brevemente as principais tradições internacionais da área, é interessante nos debruçarmos agora sobre a constituição do campo historiográfico brasileiro, de modo que você possa construir um quadro geral, que lhe ajude a situar e contextualizar os autores e textos com os quais venha a se deparar ao longo de sua vida acadêmica.

Como observou Estevão Martins (2011), falar em **historiografia brasileira** implica ao menos dois sentidos, que designam produções relacionadas, embora distintas. Um primeiro refere-se à "história do Brasil", quer dizer, à produção que toma o Brasil como objeto e inclui tanto estudos feitos por brasileiros e estrangeiros aqui radicados quanto a aqueles feitos fora do país.[1] O segundo sentido diz respeito à história escrita no Brasil, ou seja, a toda a produção historiográfica feita em nosso país, independentemente de ela versar ou não sobre questões nacionais. Trata-se dos trabalhos desenvolvidos por nossos historiadores em nossas universidades, sobretudo, nos dias de hoje, em programas de pós-graduação. É essa a historiografia que iremos situar neste capítulo e também no próximo, pautando nosso estudo nas seguintes questões: "Quais são as características da produção feita no Brasil? Quem são seus principais nomes? Quais são suas virtudes e seus problemas?".

Neste capítulo, trataremos da produção historiográfica brasileira da segunda metade do século XIX até meados do século XX. Como nessa época a disciplina estava ainda em processo de institucionalização e o volume de trabalhos era ainda reduzido, nossa análise aqui

---

[1] *Historiadores estrangeiros e radicados no exterior que se dedicam ao estudo da história do Brasil são comumente conhecidos como "brasilianistas". Segundo Martins (2011, p. 202), a historiografia brasilianista é produzida especialmente nos Estados Unidos e na Europa.*

recairá sobre o estudo de um conjunto de historiadores que se constituíram como clássicos de nossa historiografia, estabelecendo tradições temáticas, teóricas e metodológicas, que marcaram a produção feita posteriormente. Os nomes escolhidos para análise são Francisco Varnhagen, Capistrano de Abreu, Gilberto Freyre, Sérgio Buarque de Holanda e Caio Prado Jr. No próximo capítulo, dedicado à produção mais contemporânea, teremos a ocasião de ver os desdobramentos que as obras desses autores tiveram na historiografia brasileira.

(4.1)
Instituto Histórico e Geográfico Brasileiro e Francisco Adolfo Varnhagen

O Instituto Histórico e Geográfico Brasileiro (IHGB) foi fundado em 1838 durante um período bastante conturbado da história do Brasil. O país havia se tornado independente em 1822 e, ao longo dos nove anos seguintes, fora governado por Dom Pedro I. Se você já estudou a respeito desse período, talvez se lembre de que, em 1831, o imperador abdicou o trono e retornou a Portugal, deixando a coroa para seu filho. O herdeiro, contudo, ainda era uma criança e não podia assumir o governo, por isso o Brasil passou a ser administrado por regentes, que, enquanto estiveram no poder, precisaram lidar com um país em constante ebulição: no Rio Grande do Sul, começou a Revolução Farroupilha; no Pará, a Cabanagem; na Bahia, a Revolta dos Malês e a Sabinada; no Maranhão, a Balaiada; em Pernambuco e Alagoas, a Cabanada, ou seja, uma série de revoluções contrárias ao poder central, que se debatia para contê-las.

O IHGB foi criado em meio a essas revoluções. Um dos fatores que levou à sua fundação foi a ideia de que, por meio da promoção de estudos sobre o passado e o território do novo país, seria possível criar um sentimento de identidade nacional – que paraenses, maranhenses, pernambucanos, alagoanos, baianos, gaúchos e todos os demais entenderiam fazer parte de um corpo maior: o Brasil. O IHGB, portanto, foi pensado como um instrumento pedagógico do Estado para ajudar na construção da identidade brasileira. Uma proposta, diga-se de passagem, posicionada politicamente de maneira muito clara, afinal, entre as principais diretrizes do Instituto estava a de colaborar com a centralização e o fortalecimento do governo imperial (Reis, 2002; Iglésias, 2000).

Para levar a cabo os projetos do IHGB, seus sócios foram instigados a compilar e publicar documentos considerados importantes para a história do Brasil, bem como a incentivar o estudo e o ensino de história nas escolas do país. Em um primeiro momento, o IHGB foi dominado por portugueses, a maioria residente no Brasil, que imigraram a partir de 1808, quando da vinda da Família Real portuguesa. Depois de 1850, com o Segundo Reinado já consolidado e o país vivendo tempos de relativa estabilidade política, novos pensadores passaram a controlar o Instituto, sendo a maioria nascida no Brasil. O historiador de maior destaque dessa segunda fase do IHGB foi Francisco Adolfo Varnhagen (Reis, 2002; Iglésias, 2000).

Varnhagen foi um historiador, diplomata e militar brasileiro, responsável pela mais importante obra de síntese da história do Brasil escrita no século XIX – a alentada *História geral do Brasil*, em dois grandes volumes. A influência dela pode ser medida com base em um exemplo um tanto heterodoxo: é provável que você já tenha se deparado com o famoso mapa das capitanias hereditárias desenhado por Varnhagen, que apresenta a divisão do território brasileiro feita pelos colonizadores portugueses. Acontece que esse mapa apresenta um equívoco – ele representa todas as capitanias como faixas horizontais paralelas quando, na verdade, ao norte do país, havia um conjunto de capitanias cujas fronteiras estavam delimitadas por linhas verticais. Durante 150 anos, esse erro passou despercebido não apenas a Varnhagen, mas também aos historiadores e comentadores subsequentes, que continuaram a utilizá-lo. Foi apenas recentemente que o engenheiro Jorge Cintra identificou a falha e redesenhou esse documento.

Varnhagen nasceu em 1816 em São João do Ipanema, localidade próxima à cidade de Sorocaba, na capitania de São Paulo. Filho de um engenheiro militar alemão e de uma mãe portuguesa, viveu até os sete anos de idade no Brasil, passando o restante da sua infância e toda sua juventude na Europa. Seguindo o exemplo do pai, estudou engenharia militar, formando-se em 1839 pela Real Academia de Fortificações, em Portugal. Mas antes disso já se mostrava interessado em história: desde 1835, estudara a obra de Gabriel Soares de Souza, historiador português do século XVI, e publicou *Reflexões críticas* (ou *Notícias do Brasil*), no mesmo ano em que se formou engenheiro. Em 1840, retornou ao Brasil e, no ano seguinte, já estava filiado ao IHGB. Começou também a trabalhar como diplomata, o que lhe permitiu visitar variados arquivos em diferentes países. Uma das características mais interessantes de Varnhagen é o fato de ter passado a maior parte de sua vida fora do Brasil, ao mesmo tempo que se dedicava intensamente a escrever a história de nosso país (Iglésias, 2000).

A obra de Varnhagen é caracterizada por uma erudição rara, visto que ele conhecia documentos com os quais ninguém havia trabalhado até então. Sua síntese da história do Brasil tem como base a leitura em primeira mão dessa documentação original. Contudo, como apontam alguns críticos, suas referências teóricas eram pobres e, por isso, suas interpretações dos processos históricos são pouco interessantes. Um dos problemas apontados em sua obra é sua dificuldade em organizar as fontes que tinha à disposição, o que resulta em uma narrativa sem fio condutor, bem como na ênfase exagerada em abordar assuntos secundários, sacrificando outros de importância central. Além disso, suas posturas políticas, conservadoras e monarquistas (Varnhagen era um confesso admirador de Dom Pedro II, que lhe concedeu o título de Barão de Porto Seguro e, mais tarde, de visconde), bem como sua defesa da ordem e seu desprezo pelos movimentos que pregavam liberdade, normalmente são elementos que causam antipatia a seus leitores mais modernos (Iglésias, 2000).

Por outro lado, conforme discutido pelo historiador Temístocles Cézar (2007), uma leitura atenta da obra de Varnhagen, tanto de seus textos canônicos quanto daqueles menos conhecidos, é reveladora de uma série de aspectos sutis que indicam uma profunda conexão entre o trabalho do Visconde de Porto Seguro, sua vida pessoal e profissional, e as discussões mais gerais da historiografia da época, especialmente a alemã.

A relação de Varnhagen com o IHGB foi decisiva para o Instituto. Filiado desde 1841, tornou-se seu secretário em 1851, em uma de suas rápidas passagens pelo Brasil. Mesmo com pouco tempo, conseguiu impor uma nova organização à biblioteca e ao arquivo do IHGB, enquanto aproveitava as ocasiões em que o imperador visitava a instituição para angariar seus favores. Em 1854, Varnhagen publicou, em Madri, na Espanha, o primeiro volume de sua grande obra: *História geral do Brasil*, dedicada a Dom Pedro II. Obra de vulto, com um levantamento factual impressionante, embora focada nos acontecimentos políticos – como, ademais, era o procedimento comum na historiografia da época. A arquitetura interna da obra revela ainda a influência de Carl von Martius – botânico alemão que, em 1847, venceu um concurso do IHGB com uma monografia sobre como escrever a história do Brasil. Para von Martius, era preciso considerar o papel das "três raças" na formação brasileira: os índios, os negros e os brancos europeus – cada uma com sua contribuição original. Varnhagen considera as três raças, mas sempre destaca os valores dos portugueses, a quem admira como colonizadores do novo mundo. Quando Francisco Iglésias comenta a *História geral do Brasil*, suas palavras são as seguintes:

> *Varnhagen se impõe pela pesquisa, pelo vulto da obra, pela quantidade de coisas não tratadas por outros, não por um pensamento original, uma concepção pioneira da matéria que cultiva. Seu livro é mais um caso comprovador de quantidade às vezes significar qualidade. Quer fazer o histórico da colonização portuguesa. Reverente ante o poder metropolitano, não o censura, compreende-o e até o exalta. Tem mais sensibilidade e receptividade para o colonizador que para o colonizado, como se evidencia na condenação de todos os protestos ou rebeldias: não fica a favor do índio que não se submete às tentativas de subjugação, nem do negro que foge, une-se aos seus e faz quilombos; tem palavras acres para toda desobediência às autoridades. Condena as conspirações, como se dá com os conjurados mineiros de 1788 e mais ainda com os baianos em 1798. O capítulo sobre o episódio de 1817 [a Revolução Pernambucana] é deplorável como incompreensão e intolerância.* (Iglésias, 2000, p. 82)

Como você pode notar, Varnhagen tem a capacidade de produzir impressões ambíguas em seus leitores. Sua obra é impressionante pela monumentalidade, pela inegável quantidade de trabalho despendido em sua confecção e pela introdução de uma enorme massa de documentos e informações até então nunca coligidos e, ao mesmo tempo, repele por sua aridez, por sua confusão organizacional e, em razão das posições políticas e teóricas do leitor, por sua defesa intransigente da ordem, por sua simpatia aos portugueses colonizadores e por sua completa falta de empatia para com os grupos dominados. No entanto, Varnhagen não estava sozinho em suas posições, contava com o apoio generalizado de seus colegas do IHGB, bem como do imperador, protetor oficial do Instituto. Portanto, nesse aspecto, expressa as opiniões típicas de homens da elite imperial brasileira.

Depois da publicação de *História geral do Brasil*, Varnhagen seguiu em sua carreira diplomática. Trabalhou em diversos países da América Latina: passou pelo Paraguai, pela Venezuela, por Nova Granada (atual Colômbia), pelo Chile (onde se casou, em 1864) e, ainda, pelo Peru. Mais tarde, foi destacado novamente para a Europa. Seu último posto foi em Viena, na Áustria, onde foi ministro plenipotenciário até 1878, quando faleceu. Um ano antes, reeditou uma segunda vez sua grande obra, com diversas modificações, cortes e adições. Se, na primeira edição, *História geral do Brasil* tinha quase 500 páginas em cada um de seus volumes, na segunda, o somatório ultrapassava 1.200.

Varnhagen incorporou em sua obra muitas das qualidades que se esperavam encontrar em textos historiográficos do século XIX: erudição, documentação farta, ineditismo das fontes, precisão (embora haja falhas significativas em alguns de seus dados) etc. Por outro lado, também incorporou os defeitos que, no século XX, foram associados ao que se convencionou chamar de *história tradicional* do século XIX: foco na história política; descaso quanto a aspectos econômicos, sociais e culturais; visão elitista; descrição monótona; ingenuidade teórica etc. Essa combinação peculiar de qualidades e defeitos virou uma referência fundamental que, ao longo da história da historiografia brasileira, foi frequentemente tomada como contraponto para a construção de visões alternativas de nossa história.

(4.2)
Capistrano de Abreu

João Capistrano de Abreu foi pioneiro no estudo da história social e cultural no Brasil. Sua obra, embora com poucos trabalhos de fôlego, é marcada por uma crítica minuciosa de fontes, por inovações teóricas, metodológicas e temáticas, além de um contraponto importante com o grande historiador da geração anterior, Varnhagen.

Capistrano de Abreu nasceu em 1853, em Maranguape, cidade vizinha a Fortaleza, no Ceará. Seu pai era um pequeno proprietário rural da região e major da Guarda Nacional. Na propriedade da família, escravos trabalhavam nas lavouras de cana-de-açúcar, algodão, mandioca, feijão e milho. Capistrano passou a infância nesse ambiente, crescendo em uma "casa-grande" que, embora modesta, garantia o bem-estar da família (Reis, 2002).

Capistrano foi alfabetizado em casa, depois frequentou algumas escolas em Fortaleza de modo esporádico. Quando completou 16 anos, mudou-se para Recife, com a intenção de se preparar para os exames que lhe dariam acesso à faculdade de Direito. Passou dois anos na capital de Pernambuco, estudando humanidades, mas não conseguiu a aprovação para o curso superior, retornando então ao Ceará. De volta a Maranguape, tentou ganhar dinheiro escrevendo para jornais cearenses e dando aulas em escolas de Fortaleza. Essa situação perdurou por alguns anos, até que Capistrano decidiu apostar mais alto e tentar a vida na capital do império: o Rio de Janeiro (Iglésias, 2000).

Em 1875, o jovem Capistrano, prestes a completar 22 anos, chegou à capital do Brasil. Naquele momento, ainda se vivia o rescaldo da Guerra do Paraguai, encerrada em 1870. Na política, liberais e conservadores lutavam por influência e controle, alternando-se no poder.

A escravidão era um tema central do debate público, com defensores encarniçados da sua continuidade, abolicionistas com cada vez mais espaço e voz, além de homens práticos que calculavam como sustentar a escravidão sem a renovação dos braços pelo tráfico africano ou pensavam em como substituí-los por outros trabalhadores da maneira menos danosa possível para a produção (Carvalho, 2003).

Em termos culturais, a grande referência do Brasil era a França. Contudo, Capistrano, que já havia lido a obra de alguns autores franceses, com destaque para os livros de Comte e outros associados ao positivismo, começou a se interessar pela produção intelectual desenvolvida na Alemanha. Ele então estudou a língua desse país, leu a obra de diversos autores alemães, traduziu alguns livros e se aproximou do historicismo[2]. Capistrano, de maneira autodidata, estudou história, geografia, antropologia, economia, política e diversos outros temas. Essa formação pouco disciplinar, que seguia caminhos menos usuais para os padrões da época, é central para entendermos sua obra. Duas de suas principais características são devedoras daquela formação: a inovação temática e metodológica e a interdisciplinaridade (que, inclusive, sustenta aquela inovação).

A obra de Capistrano de Abreu é marcada por um forte realismo histórico, com grande valorização dos documentos – elemento que podemos associar a sua simpatia pelo historicismo alemão. Nesse sentido, ele tanto se aproximou de Varnhagen, que também valorizava a documentação farta, quanto se afastou dele, especialmente por realizar um estudo muito mais preciso e crítico dessas fontes. A história predominantemente escrita no Brasil era a política – Capistrano

---

2 *É relativamente comum identificar o historicismo e o positivismo como variações de uma mesma tradição intelectual, mas, de fato, são escolas de pensamento bastante distintas (Reis, 1999).*

evitou esse tema, embora tenha feito algumas incursões no assunto. De fato, privilegiou a história social, cultural e econômica. Ele não foi autor de um grande livro: apesar de marcante e importante, sua produção foi esporádica e desigual, constituindo-se de vários artigos para jornais e revistas, resenhas, edições críticas de documentos e livros raros, traduções, prefácios e, eventualmente, um texto de maior fôlego.

Alguns eventos de sua trajetória ajudam a entender o desenvolvimento de sua obra. Em 1879, Capistrano foi aprovado em um concurso para a Biblioteca Nacional. Nessa instituição, que guardava livros e documentos que só poderiam ser encontrados ali, Capistrano conheceu e trabalhou com um grande material que lhe serviu de base para suas reflexões. O período na biblioteca garantiu-lhe uma experiência fundamental de pesquisa, que o ajudou a avançar em seus escritos. Em 1883, ele apresentou seu primeiro trabalho de vulto: *O descobrimento do Brasil e seu desenvolvimento no século XVI*. Esse livro foi preparado como tese de concurso para o Colégio Dom Pedro II, com a qual Capistrano foi aprovado e assumiu a cátedra de História na instituição. Trabalhou como professor do colégio até 1899, quando abriu mão do cargo – inclusive bastante frustrado com seus estudantes. Durante esse período, além do magistério, investiu em pesquisa e na publicação de diversos materiais, como a tradução e publicação, em 1884, da obra *Geografia física do Brasil*, do alemão J. E. Wappaeus; a edição, de 1886/87, de *História do Brasil*, escrita pelo Frei Vicente do Salvador originalmente em 1627; a edição e publicação de diversos textos do Padre Anchieta; a tradução e a publicação de obras de Paul Ehrenreich e de Emílio Augusto Goeldi; entre outros trabalhos (Iglésias, 2000).

Sua obra mais famosa e considerada também a mais importante pelos críticos são os *Capítulos de história colonial*, de 1907. Sobre ela, diz o historiador Francisco Iglésias, confesso admirador de Capistrano:

> É seu melhor livro, o mais orgânico, trabalhado, original e fecundo. Síntese poderosa, foge ao esquema tradicional de uma história só política e administrativa para fazer uma história também social e econômica. Mais: chama a atenção para aspectos fundamentais até aí descurados, como o caso do estudo do interior, devassamento e ocupação do território. Se o português ficava no litoral, a historiografia não tomava conhecimento da maior parte do solo, avançando pelo vasto sertão. Capistrano insiste no tema, depois cultivado por muitos cultores. Cabe-lhe a iniciativa. Demais, a obra trata do cotidiano, do homem comum, dos modos de vida, das mentalidades, em perspectiva até aí ignorada e só hoje em moda. Capistrano pode ser visto como um precursor da historiografia do cotidiano, modismo atual já por ele visto no que tem de significativo. Sente o povo, o caboclo, o índio, o sertanejo, como autêntico homem do interior do Ceará, intelectual refinado e destituído de afetação. O livro trata de 1500 a 1800.
> (Iglésias, 2000, p. 121)

Além da tese para a cátedra do Colégio Dom Pedro II e dos *Capítulos de história colonial*, Capistrano de Abreu deixou apenas mais um livro, publicado postumamente em 1930: *Caminhos antigos e povoamento do Brasil*. Seus textos, como já indicado, são inovadores porque tratam de temas pouco explorados ou completamente novos na historiografia brasileira até então, bem como pelo tratamento dado ao conteúdo: um olhar renovado fundamentalmente pela interdisciplinaridade. A ocupação do sertão, os tipos humanos que surgiram e se desenvolveram nesse território, seus hábitos, seu cotidiano, suas formas psicológicas etc. eram os temas mais caros a Capistrano e o levaram a refletir sobre o processo de formação do **homem brasileiro**. De acordo com o historiador José Carlos Reis (2002), Capistrano entende que no sertão surgiu um tipo novo de sujeito histórico, diferente do indígena, do europeu ou do africano, e que se somava às tramas da história universal: justamente o brasileiro. Ainda conforme Reis (2002), a abordagem da história do Brasil promovida por Capistrano permitiu ao autor superar o pessimismo dominante entre os intelectuais brasileiros seus contemporâneos, possibilitando uma interpretação do sentido da história que via no futuro do país uma grande nação. Ao focar não na história política, mas na observação das pessoas comuns, e ao dar a elas o lugar de protagonistas da história, Capistrano rompeu com as amarras da historiografia dominante e abriu outras possibilidades de se pensar o Brasil. O futuro seria promissor porque não dependia das elites políticas e dos jogos de poder (e Capistrano era sabidamente cético em relação a isso), mas sim porque o povo brasileiro, então elevado à posição de agente histórico de primeira ordem, é que se responsabilizaria pelo desenvolvimento do país.

Capistrano viveu seus últimos dias no Rio de Janeiro, onde faleceu em 1927. Sua obra continua sendo objeto de investigação dos estudiosos da historiografia brasileira. No "panteão" dos historiadores nacionais, Capistrano ocupa um dos lugares mais altos, disputando o título de maior historiador brasileiro com Varnhagen, Caio Prado Jr. e Sérgio Buarque de Holanda.

(4.3)
Gilberto Freyre

Gilberto Freyre foi um dos intelectuais brasileiros de maior repercussão nacional e internacional de todos os tempos. Sua vasta obra foi editada e reeditada várias vezes, sendo também traduzida para diversas línguas estrangeiras. Freyre recebeu os mais diversos títulos e honrarias acadêmicas das mais prestigiosas universidades do mundo. Além disso, sua obra foi, e ainda é, amplamente discutida e frequentemente revisitada, sendo tanto objeto de críticas quanto fonte de inspiração. Autor de múltiplos interesses, Freyre destacou-se por seus trabalhos de antropologia, sociologia e história, embora não gostasse de ser descrito como especialista de qualquer dessas disciplinas, preferindo intitular-se escritor e ensaísta. Sua obra é marcada por importantes inovações temáticas, teóricas e metodológicas, sobretudo por lançar novos olhares para as questões culturais brasileiras (Reis, 2002).

Gilberto Freyre nasceu em 1900, em Recife, Pernambuco, em uma família antiga e tradicional, cuja origem portuguesa remontava aos tempos da colonização. Seu pai era juiz e também lecionava na Faculdade de Direito de Recife. Passou a infância na capital de Pernambuco e, por alguns períodos, viveu em propriedades rurais de parentes. Durante a adolescência, estudou no Colégio Americano, em Recife. Com 18 anos de idade, foi para os Estados Unidos, onde frequentou a Universidade de Baylor, no Texas, bacharelando-se em Artes Liberais. Em seguida, mudou-se para Nova Iorque, ingressando no mestrado na prestigiosa Universidade de Columbia. Lá, conheceu Franz Boas, um dos mais importantes antropólogos do século XX, que seria influência marcante para Freyre.

Defendeu sua dissertação de mestrado em 1922, em seguida publicada na revista *Hispanic American Historical Review*. Esse trabalho, intitulado *Vida social no Brasil nos meados do século XIX*, serviu de base para seu livro mais famoso, *Casa-grande & senzala*, que veio a lume em 1933. Depois de terminado o mestrado, viajou para a Europa, onde ficou até 1924, passando por vários países. Quando retornou ao Brasil, instalou-se novamente em Recife (Iglésias, 2000).

De volta a Pernambuco, fundou o Centro Regionalista do Nordeste e, em 1926, organizou o I Congresso Brasileiro de Regionalismo, onde teria apresentado o *Manifesto Regionalista*, documento em que defende a necessidade de se valorizar a cultura regional (especialmente nordestina), ameaçada pelo avanço de outras culturas brasileiras e estrangeiras. Esse trabalho figura entre os diversos manifestos da primeira fase do modernismo brasileiro, como o *Manifesto Antropófago* e o *Manifesto da Poesia Pau-Brasil*.[3] O regionalismo foi uma tônica de toda a trajetória de Freyre, incluindo suas ambiguidades: um regionalismo preocupado com a preservação da cultura e dos costumes nordestinos tradicionais e, ao mesmo tempo, politicamente conservador, a ponto de aderir e defender as oligarquias, beirando ao provincianismo e ao separatismo.

Gilberto Freyre também flertou com a política, assumindo cargos no governo de Pernambuco no final da década de 1920. Por conta de suas alianças políticas do momento – de cunho conservador –, esteve do lado vencido na Revolução de 1930. Em função disso, exilou-se na Europa, junto a seu patrono político, Estácio Coimbra, recém-destituído do cargo de governador de Pernambuco, por causa da revolução. Foi durante esse exílio que Freyre trabalhou na redação de *Casa-grande & senzala*, que seria publicado em 1933. Nesse livro, ele discute uma série de características culturais do período colonial brasileiro, com destaque para a formação da família, sob o regime patriarcal e escravista. *Casa-grande & senzala* é uma obra sedutora, com um estilo narrativo que faz jus à fama de grande escritor angariada por Freyre. Nas palavras do historiador José Carlos Reis (2002, p. 52),

---

3   *Há uma polêmica em torno do documento de Gilberto Freyre: como ele só foi publicado em 1952, há quem duvide que tenha sido efetivamente apresentado em 1926, especialmente por um autor tão ágil na edição de seus textos, como era Freyre, embora seja consenso que as ideias do manifesto tenham sido discutidas na ocasião (Iglésias, 2000).*

Casa-grande... é como um "livro-onírico", atravessado de associações, de deslocamentos, condensações e tropos diversos, fruto de uma profunda intuição-imaginação do Brasil. Freyre quis demonstrar que houve uma solução brasileira para um acordo entre diferentes tipos de vivência, diferentes padrões culturais. No Brasil, teria havido um bem-sucedido ajustamento para um profundo desajustamento. Freyre é um autor criativo, sensível ao cheiro, à cor, ao ruído, ao amor e ao ódio, ao riso e ao choro. O passado colonial brasileiro é percebido com o seu cheiro de prazer de viver. Ele penetrou no seu tecido social e expressou o inconsciente da vida coletiva, a sua cotidianidade afetiva. [...] O que ele produziu foi uma revivência, uma recriação do nosso passado em seu espírito e no espírito do leitor.

A proximidade de Freyre às ideias de Franz Boas o fez se afastar de algumas concepções correntes na teoria antropológica mais hegemônica no Brasil naquele momento, como os determinismos biológicos ou geográficos. Em oposição a essas abordagens, e na esteira de Boas, Freyre defendia que o aspecto mais relevante para se pensar as características de um povo é sua cultura (e não sua pureza racial, seu grau de mestiçagem, características do solo e do clima, latitude em que essa população se formou ou outros determinismos do tipo). Além disso, Freyre retomou, de certa forma, a proposição de Carl von Martius (rapidamente mencionado no primeiro tópico deste capítulo) sobre a importância de se pensar a contribuição das "três raças" para a formação do povo brasileiro. A diferença entre este e Freyre é a efetiva atenção às culturas negra e mestiça (também à indígena, embora em menor medida), valorizando seu papel na constituição cultural e afetiva das fazendas do período colonial. Entretanto, há uma série de afirmações polêmicas em seu livro que, para alguns analistas, são pecados imperdoáveis e, para outros, um pouco mais dispostos a relevar as ideias fortes, ainda que sem aceitá-las, seriam "ingenuidades".

O historiador Francisco Iglésias enquadra-se na segunda categoria. Segundo ele, Gilberto Freyre, em *Casa-grande & senzala*,

> *comete ingenuidades, como a de proclamar [o] bom padrão de vida [dos escravos], o tratamento generoso dos senhores e outras falsidades, esquecido ou insciente que em qualquer sistema do gênero não há bons e maus senhores ou escravos, o que há é o mal da escravidão.* (Iglésias, 2000, p. 196)

O próprio Iglésias identificou a chave para compreender a simpatia que Freyre demonstrara pelo mundo escravista na paixão e no carinho que o intelectual pernambucano tinha pelo aristocratismo rural do passado colonial brasileiro – comum à própria família e que, de modo rápido e transformado pelo tempo, experimentou durante a infância. Além disso, é interessante notar que o tema da escravidão, sobretudo quando relacionado às avaliações que os historiadores fazem ou faziam da vida cotidiana dos escravizados, é motivo de grande celeuma em nossa historiografia – e, nesses debates, o vulto de Gilberto Freyre é uma presença constante.

A obra de Gilberto Freyre não se resume à *Casa-grande & senzala*. Ele foi um autor bastante produtivo, com uma vasta bibliografia. Ainda assim, este é considerado seu livro mais importante, além de ser o primeiro de uma série sobre a história da sociedade patriarcal brasileira. No livro comentado, Freyre trata do período colonial. Em *Sobrados e mocambos*, publicado em 1936, o autor discute os impactos da urbanização sobre a família patriarcal durante o Império. Sua análise apontava para o fortalecimento dos grupos que se instalaram nas cidades e para o declínio daqueles que continuaram no campo. Em *Ordem e progresso*, de 1959, a análise acompanha o fim do período imperial e o início do republicano, quando a estrutura patriarcal, baseada em grande parte no trabalho escravo, foi aos poucos se desmanchando depois da abolição. Haveria ainda um quarto e último volume, *Jazigos e covas rasas*, que o autor não chegou a escrever.

Nessa seleção de obras freyreanas estão suas contribuições mais importantes para a historiografia e para as ciências sociais. Foi nelas que Freyre desenvolveu seus temas mais inovadores, como o estudo sobre o lugar das mulheres e os diversos papéis sociais desempenhados pelos membros da família patriarcal. Ele valorizou a atuação dos negros e discutiu a importância de se estudar o cotidiano, a cozinha, as práticas sexuais, os comportamentos religiosos, a estrutura da casa, a cultura material, entre outros (Iglésias, 2000; Reis, 2002).

Grande parte dos intelectuais brasileiros da geração de Gilberto Freyre – e das gerações seguintes – ambicionava tornar-se professor universitário. Freyre tinha todas as prerrogativas necessárias para assumir um cargo nas instituições mais importantes do país – ou, inclusive, algumas do estrangeiro –, mas a docência nunca lhe atraiu. Continuou flertando com a política durante toda a vida. Por conta de sua oposição a Vargas, veiculada nos jornais para os quais escrevia, foi preso e espancado em 1942. Em 1946, foi eleito deputado da Assembleia Constituinte. Defendeu o Golpe Militar de 1964 e chegou a ocupar cargos no governo ao final da década de 1960. Faleceu em 1987 em Recife, sua cidade natal.

(4.4)
Sérgio Buarque de Holanda

Considerado um dos maiores historiadores brasileiros do século XX, Sérgio Buarque de Holanda tem sua obra marcada por profunda erudição, refinamento teórico sutil e poderoso, estilo de escrita muito bem trabalhado e interpretações instigantes da história do Brasil.

Se Gilberto Freyre inovou principalmente por suas leituras inspiradas pelo culturalismo estadunidense, e Caio Prado Jr., como veremos adiante, por sua análise marxista, Sérgio Buarque destacou-se por suas referências ao culturalismo alemão e à sociologia weberiana. Além disso, diferentemente dos outros dois autores mencionados, esse historiador construiu sua carreira em grande parte dentro das universidades, inclusive contribuindo de modo decisivo nos processos de consolidação do sistema universitário e na profissionalização dos historiadores brasileiros.

Sérgio Buarque de Holanda nasceu em 1902 na cidade de São Paulo. Sua família, embora não fosse rica, vivia confortavelmente, além de propiciar aos seus membros contatos com o mundo cultural da capital paulista. Em 1921, Sérgio Buarque e sua família se mudaram para o Rio de Janeiro. Apesar de contar com apenas 18 para 19 anos, o autor chegou à capital federal como representante da revista *Klaxon*, a qual fazia parte do movimento modernista paulistano. Em seguida, ingressou no curso de Direito da Universidade do Brasil (atual Universidade Federal do Rio de Janeiro). Formou-se em 1925 e logo começou a trabalhar no *Jornal do Brasil*, ainda na capital federal. É importante notar que, naquele momento, os jovens que pretendessem seguir carreira no mundo das letras e da produção intelectual geralmente escolhiam o curso de Direito como formação superior. Ainda não havia a diversidade de graduações e suas múltiplas especialidades, como nos dias de hoje. De fato, como aprofundaremos no próximo capítulo, foi ao longo da segunda metade do século XX, especialmente depois do golpe militar de 1964, que as universidades brasileiras começaram a sistematicamente diversificar os cursos que ofereciam (Miceli, 2001).

No final da década de 1920, Sérgio Buarque foi enviado para Berlim, na Alemanha, como correspondente do *Jornal do Brasil*. Voltou ao país depois de dois anos, estabelecendo-se novamente no Rio de Janeiro. Trouxe na bagagem uma série de referências importantes do culturalismo alemão, que seria uma das marcas inovadoras de sua obra. Continuou trabalhando como jornalista até 1936, quando assumiu o cargo de professor na Universidade do Distrito Federal. Também em 1936 publicou *Raízes do Brasil*, um divisor de águas na historiografia nacional e, até hoje, sua obra mais lida. Conforme Iglésias (2000), a obra é exigente, pois requer de seu leitor estudos prévios tanto sobre a história brasileira, quanto sobre teorias das ciências sociais. Sem isso, o texto escapa de quem o lê, mesmo sendo de uma construção estética das mais interessantes (Iglésias, 2000). O livro causou impacto significativo já na década de 1930, promovendo seu autor à categoria de grande intérprete do Brasil. A consolidação dessa obra como clássico de nossa historiografia foi crescente ao longo do século XX e teve como um dos marcos definitivos desse processo sua edição comemorativa de 30 anos, quando Antonio Candido, um dos intelectuais mais importantes daquele momento, afirmou serem Sérgio Buarque, Gilberto Freyre e Caio Prado Jr. os autores mais influentes para sua geração (Candido, 1995).

Em *Raízes do Brasil*, Sérgio Buarque desenvolve, de maneira impressionista, uma série de teses sobre o país, algumas polêmicas e objeto de amplos debates até os dias de hoje, como a ideia do "homem cordial". Este, para o autor, seria um tipo social marcado pela generosidade e hospitalidade, características elogiadas pelos viajantes estrangeiros que visitavam o país no passado. Contudo, essa marca não se confundiria com bondade, amizade ou bons modos; na verdade, seria uma espécie de disfarce, uma falsidade mais ou menos inconsciente, que manteria o homem cordial a uma distância segura em relação às exigências de uma sociedade cada vez mais moderna (no sentido weberiano). Sendo assim, o brasileiro enquadrado nesse tipo social teria a família como grande modelo de organização da sociedade, o que justificaria seu comportamento amigável e afetivo para com todos. Ao mesmo tempo, seria por essa informalidade proposital que o homem cordial encontraria dificuldades para separar, por exemplo, o público do privado – o que explicava, em certa medida, o comportamento sistematicamente patrimonialista da elite dirigente brasileira (Holanda, 1995; Decca, 2004).[4]

A questão mais importante nessa obra, no entanto, é, segundo José Carlos Reis (2002), o problema do descompasso entre, de um lado, a representação que nós brasileiros fazemos do que somos e, de outro, a realidade daquilo que de fato somos. Isso implicaria um grande obstáculo para a construção de uma identidade nacional e, mais importante, para a elaboração de um projeto de país. O grande problema estaria no processo de estabelecer uma civilização europeia nos trópicos. Essas pessoas não teriam como se adaptar ao novo ambiente, gerando um afastamento entre representação e realidade:

> *Vivemos nos trópicos sem uma cultura adequada, própria, tropical. Participamos do desenvolvimento da cultura de um outro lugar. Nossas representações da nossa história são diferenciadas, até o ridículo, do nosso tempo social específico e concreto. Entre o conhecimento do Brasil e a realidade brasileira há uma defasagem abissal: pensamos com ideias inadequadas à nossa realidade social, ideias que, ao invés de facilitarem nossa relação com a realidade, a impedem.* (Reis, 2002, p. 123)

A solução que Sérgio Buarque encontrou para esse impasse foi buscar nossas raízes ibéricas: para entendermos o que somos, seria

---

4 *Caso você tenha interesse no tema* patrimonialismo, *uma leitura interessante é o livro* Os donos do poder, *de Raymundo Faoro – importante sociólogo e cientista político brasileiro que, assim como Sérgio Buarque de Holanda, dialogava de perto com a sociologia weberiana.*

preciso olhar bem para nosso passado. Mas essa solução não esgotou a problemática: a questão sobre a inadequação entre realidade e representação da realidade veio a ser recolocada diversas vezes nos debates historiográficos posteriores. As "ideias fora de lugar", por exemplo, de Roberto Schwarz (2014), são, em certa medida, uma recuperação do mesmo problema central de *Raízes do Brasil*: as ideias com as quais refletimos sobre nós mesmos são as mais adequadas para responder a nossas questões ou deveríamos buscar outras?

Outro título importante desse historiador é *Monções*, de 1945, no qual Sérgio Buarque analisa o tema do bandeirantismo e a expansão do território brasileiro. Em 1957, o autor lançou *Caminhos e fronteiras*, livro que continua em parte com o tema do bandeirantismo, mas avança no estudo das técnicas daquela população híbrida: meio portuguesa, meio indígena, meio mestiça. Entre suas obras, a mais bem acabada, fruto de uma erudição e cultura longamente cultivadas, é *Visões do paraíso*, apresentada em 1958 como tese para a cátedra de História das Civilizações da Universidade de São Paulo (USP). Nesse livro, o historiador analisa um conjunto de mitos sobre o território brasileiro, produzidos no início do período colonial, que associavam as terras recém-descobertas ao paraíso bíblico. É um livro que pode ser enquadrado como um exercício de história das mentalidades, embora essa classificação, nascida na escola dos Annales, somente tenha sido forjada alguns anos depois.

Sérgio Buarque foi aprovado na USP e, a partir de então, passou a dedicar-se a alguns projetos coletivos, como a *História geral da civilização brasileira*. Nessa produção, coordenou uma grande equipe de historiadores dispostos a escrever os diversos capítulos da obra. Organizou os volumes dedicados aos períodos colonial e imperial, enquanto a República foi deixada a cargo de Boris Fausto. Tal obra é ainda hoje síntese fundamental para os historiadores brasileiros.

Embora seja desigual, com capítulos melhores que outros, é uma excelente introdução para uma série de temas clássicos de nossa historiografia.

Sérgio Buarque envolveu-se também no mundo da política, embora de maneira menos militante que outros autores citados aqui. Fez parte do Partido Socialista e, no início da década de 1980, participou da fundação do Partido dos Trabalhadores. Contudo, não teve tempo de ver o desenvolvimento do novo partido, pois viveu até 1982, falecendo em São Paulo.

(4.5)
Caio Prado Jr.

Caio Prado Jr. foi um historiador marxista, editor e político comunista cuja obra é marcada por uma interpretação original e muito influente do desenvolvimento histórico brasileiro. Sua tese sobre o **sentido da colonização**, embora revista e criticada, ainda tem impacto sobre a produção historiográfica atual. Muito resumidamente, a tese de Prado Jr. é a de que o Brasil sempre fora produtor de matérias-primas para a exportação e que, enquanto cumprisse essa função na estrutura econômica capitalista internacional, estaria fadado a ser dependente dos países industrializados mais avançados.

Caio Prado Jr. nasceu em 1907, na cidade de São Paulo, no seio de uma família de políticos influentes e de ricos latifundiários. Terminou o curso de Direito da Faculdade do Largo de São Francisco em 1928 e, no mesmo ano, ingressou no Partido Democrático (que era controlado por seus familiares). No ano seguinte, conforme as diretrizes de seu partido, participou ativamente na campanha presidencial de Getúlio Vargas. Com a derrota de seu candidato nas eleições, abraçou a causa da Revolução de 1930, colaborando com a consolidação do novo regime. Caio Prado Jr., até esse momento, cumpria com seu "destino" de classe: era um jovem talentoso, que contava com uma série de trunfos sociais (família de prestígio, fortuna, formação esmerada) e investia seus esforços no mundo da política. No entanto, durante sua participação no citado conflito, desencantou-se com os rumos do novo governo e acabou rompendo com o movimento (Iglésias, 1982). Essa postura tornou-se mais radical em 1931, quando Prado Jr. filiou-se ao Partido Comunista. Nas palavras de Florestan Fernandes, isso foi uma "traição de classe" (Fernandes, 1989). Essa inflexão na trajetória de Caio Prado Jr. colocou-lhe em um **lugar social** muito peculiar.[5] Por um lado, a aproximação com o marxismo e sua filiação ao Partido Comunista fecharam as portas que Prado Jr. porventura teria abertas pela influência política de seus familiares. Por outro lado, sua origem e sua condição social eram motivo de desconfiança entre os comunistas, que não sabiam bem como lidar com um burguês rico entre suas hostes. Essa posição desconfortável e tensa se manteve constante durante toda a vida de Caio Prado Jr. e, acreditamos, é uma chave importante para entendermos sua obra. Com base nesse novo lugar social, prensado entre as dificuldades impostas pelos membros de sua classe de origem e pelos novos colegas de militância, Prado Jr. passou a investir na carreira intelectual. Era uma saída interessante, que combinava vantagens de sua origem com as necessidades que sentia em relação aos comunistas. A fortuna de sua família lhe permitia viver confortavelmente sem precisar trabalhar e, portanto, sem precisar adequar suas ideias às instituições que, naquele momento, poderiam abrigar um jovem intelectual, mas que dificilmente aceitariam um comunista. Ao mesmo tempo, tornar-se um pensador de

---

5   O conceito de lugar social *é desenvolvido pelo historiador francês Michel de Certeau, em seu texto* A operação historiográfica, *já mencionado neste livro (Certeau, 2011b).*

relevo poderia ser um trunfo importante na renegociação de seu lugar na militância. Apostando nesse caminho, Prado Jr. começou a refletir sobre a história brasileira por meio do instrumental marxista. A aposta deu certo, e seu esforço resultou em uma interpretação nova e instigante do Brasil, que se tornou um clássico da nossa historiografia (Zorek, 2007).

O primeiro livro de Prado Jr., *Evolução política do Brasil*, foi publicado em 1933 e sua impressão foi financiada pelo próprio autor. Nesse volume, o pensador se dirige a toda a população brasileira, chamando a atenção para seu passado de lutas, especialmente para as revoluções do período regencial. Há um apelo velado à revolução socialista e uma crítica mordaz às elites nacionais. Em relação à historiografia contemporânea, o autor não é mais gentil: condena todos como conservadores e rasos – excetua apenas Oliveira Vianna, que, embora conservador como os demais, pelo menos teria uma obra com profundidade. A intenção do livro é ousada: tenta mostrar que a história política do Brasil foi feita em grande parte pelas pessoas comuns, e não pelos governantes.

O grande clássico de Caio Prado Jr. é *Formação do Brasil contemporâneo*, obra que, como você deve lembrar, foi mencionada como exemplo de análise no Capítulo 1 deste livro. Esse trabalho foi publicado em 1942, quando o autor havia estabelecido uma relação tensa, mas estável, tanto com sua classe de origem quanto com seus companheiros de militância. Nesse livro, desenvolve sua tese principal, de que o Brasil é um país preso às flutuações econômicas dos países capitalistas industrializados. Foi assim desde a chegada dos portugueses e continuava do mesmo modo na década de 1940. Sendo um país cuja principal característica econômica era exportar produtos primários para o mercado internacional, todas as vezes que esses produtos tinham sua demanda aumentada ou diminuída no estrangeiro, o Brasil vivia momentos de desenvolvimento ou crise. O problema era justamente que, fossem os otimismos econômicos, fossem os pessimismos, nada estava sob controle do próprio Brasil. A solução, apresentada mais cuidadosamente em uma obra posterior, *História econômica do Brasil*, de 1945, seria investir no mercado interno. Na opinião de Caio Prado Jr., se o povo brasileiro fosse capaz de consumir pelo menos o equivalente a sua produção, não dependeria mais das flutuações do mercado internacional e haveria capital circulando o suficiente para industrializar o país, isso sem contar na melhoria generalizada das condições de vida da população nacional.

Essa tese se tornou muito influente nos anos que se seguiram e garantiu uma posição de autoridade intelectual para Caio Prado Jr., sobretudo ao longo da década de 1940. A partir de 1950, contudo, com o início da expansão das universidades pelo país e com a consolidação tanto da USP, em São Paulo, quanto da Universidade do Brasil (atual UFRJ), no Rio de Janeiro, o número de historiadores e outros cientistas sociais interessados em rever as interpretações clássicas do país aumentou consideravelmente e deslocou os interesses daquele universo misto (político, econômico, intelectual) para um campo intelectual propriamente dito. Nesse movimento, Caio Prado Jr. "envelheceu" como autor, devido à atuação das novas gerações que passaram a dominar o cenário intelectual. Mesmo assim, as teses de Prado Jr. continuaram poderosas e marcaram toda uma geração de historiadores, especialmente em São Paulo.

Mais tarde, em meio à ditadura militar, Caio Prado Jr. lançou um novo livro de grande impacto no cenário político brasileiro: *Revolução brasileira*, de 1966. Nele, o historiador, então um intelectual consolidado e respeitado tanto entre os comunistas quanto entre os acadêmicos, faz um balanço dos "erros" da esquerda brasileira, especialmente do Partido Comunista Brasileiro (PCB), e os associa a uma leitura equivocada da história do Brasil. Esse trabalho teve uma importância fundamental para a esquerda da época, que se viu enganada por sua fé na iminente revolução do proletariado e que, de fato, acompanhou atônita a tomada do poder por forças conservadoras. Mas, na academia, a obra logo foi questionada por autores como Florestan Fernandes, que viam problemas na interpretação demasiado politizada de Caio Prado Jr. (Fernandes, 1989).

Em síntese, a importância de Caio Prado Jr. para a historiografia brasileira é a introdução de uma análise marxista do desenvolvimento histórico do país, que não se prendia simplesmente a uma aplicação mecânica de Marx ao Brasil. Em vez disso, esse historiador adaptou o instrumental marxista à realidade de nosso país. Um exemplo interessante disso é o privilégio que concede, em sua análise da economia, à circulação de mercadorias como fator determinante da estrutura econômica nacional.

A ortodoxia marxista veria isso como um grande "pecado", dado que seria a produção o fator mais relevante de qualquer sistema econômico. Entretanto, para Caio Prado Jr., a produção que importava era a da indústria dos países desenvolvidos. Nesse sentido, o Brasil entraria apenas como um fornecedor de matérias-primas para a produção estrangeira. No sistema capitalista internacional, o Brasil ocupava uma posição auxiliar e, portanto, deveria ser pensado com base nesse quadro geral. Como sua função no sistema era fornecer materiais para serem reprocessados por uma produção industrial desconectada do cenário local, faria mais sentido pensar suas especificidades econômicas com base justamente nesse fornecimento. Daí sua opção por focar a análise na circulação e não na produção das mercadorias. Essa, entre outras, foi uma das contribuições de Prado Jr. para se reinterpretar a história do Brasil e oferecer soluções para seu futuro.

Caio Prado Jr. faleceu em 1990, em São Paulo, um ano depois da primeira eleição presidencial desde 1960. Naquele momento, os heróis da esquerda brasileira estavam sendo recuperados e celebrados, e Prado Jr. foi um dos que receberam essa homenagem. Ler os relatos a respeito do historiador é um exercício interessante que permite perceber o papel de renovação desempenhado por ele na historiografia brasileira e evidencia também a relação próxima que parte importante dessa produção tem com as tradições de esquerda.

Síntese

Neste capítulo, apresentamos os elementos fundamentais das trajetórias e obras de alguns dos principais clássicos da historiografia brasileira – autores e obras que se tornaram referências para a disciplina no período anterior à profissionalização universitária dos historiadores.

O principal foco foi a primeira metade do século XX, embora tenhamos recuado ao século XIX para examinar os trabalhos de Francisco Adolfo Varnhagen e sua atuação no IHGB. Além dele, discutimos outros quatro intelectuais: João Capistrano de Abreu, Gilberto Freyre, Sérgio Buarque de Holanda e Caio Prado Jr. Todos são referências inescapáveis de nossa historiografia, seja porque foram autores de obras organizadoras da história do Brasil, seja porque revolucionaram as interpretações do país com base em teorias, métodos e objetos inovadores. Como exemplo da metodologia de leitura sugerida no Capítulo 1 deste livro, procuramos demonstrar as relações de interdependência entre texto e contexto, associando a produção das obras desses intelectuais ao **lugar social** ocupado por cada um deles e levando em conta as características tanto dos contextos mais gerais quanto dos debates historiográficos específicos em que estavam envolvidos.

Atividades de autoavaliação

1. Leia atentamente as premissas a seguir e assinale a alternativa correta:
   I) O IHGB, ao longo do século XIX, investiu seus esforços na compilação e na divulgação de documentos importantes para a história do Brasil. Embora tenha produzido poucas análises e interpretações da história de nosso país, essa documentação ajudou – e ainda ajuda – os historiadores dos séculos XX e XXI a investigar o passado brasileiro.
   II) Francisco Adolfo Varnhagen foi um grande erudito e conhecedor das principais correntes de pensamento historiográfico do século XIX, especialmente as alemãs. Contudo, diferentemente do que pregava, por exemplo, o historicismo, Varnhagen não fez um bom trabalho de crítica documental, deixando uma série de erros que só foram corrigidos pelas gerações subsequentes de historiadores.
   III) Um dos resultados indiretos do grande trabalho de pesquisa realizado por Varnhagen foi legar para os demais historiadores um mapeamento dos arquivos europeus e de uma série de documentos a respeito do Brasil que poderiam ser encontrados neles.
   a) Somente as premissas I e II são verdadeiras.
   b) Somente as premissas I e III são verdadeiras.
   c) Somente as premissas II e III são verdadeiras.
   d) Todas as premissas são verdadeiras.

2. Leia atentamente as proposições a seguir. Depois, assinale a alternativa correta:

   I) Capistrano de Abreu foi um dos principais continuadores da obra de Varnhagen. Confesso admirador de seu antecessor, embora sem com isso lhe poupar as críticas necessárias, Capistrano aprofundou os temas desenvolvidos em *História geral e do Brasil*, especialmente a questão da ocupação do território, que Varnhagen apenas esboçou em seu trabalho.

   II) *Capítulos de história colonial*, principal obra de Capistrano de Abreu, foi dedicada a Dom Pedro II, indicando o monarquismo de seu autor, mesmo quando a República já se consolidara havia quase duas décadas. Além disso, essa dedicatória revela o quão intrincada era a produção historiográfica aos valores do campo político brasileiro no início do século XX.

   III) Preferindo a história política entre todos os demais temas que desenvolveu, embora sua contribuição seja lembrada por suas imersões na história social e cultural, Capistrano de Abreu produziu obras admiráveis, especialmente sobre o período imediatamente anterior à Independência, quando o Brasil se tornou sede do Império português.

   a) Somente as proposições I e II são verdadeiras.
   b) Somente as proposições I e III são verdadeiras.
   c) Somente as proposições II e III são verdadeiras.
   d) Todas as proposições são falsas.

3. Leia atentamente os itens a seguir e assinale a alternativa correta:
   I) Para Gilberto Freyre, a conformação específica da sociedade patriarcal brasileira durante o período colonial permitiu uma convivência relativamente harmônica entre senhores e escravos, abrandando a experiência do cativeiro. Essa caraterística, mais tarde, teria se desenvolvido na "democracia racial", típica do Brasil, segundo Freyre, na qual as diversas raças convivem integradamente – diferentemente do que ocorria, por exemplo, nos Estados Unidos.
   II) Gilberto Freyre manteve-se avesso ao ambiente universitário ao longo de sua vida. Isso se explica em parte por sua simpatia ao anarquismo e a outras doutrinas radicais de esquerda. Como Freyre não acreditava na legitimidade da autoridade acadêmica, preferiu não se envolver com o ensino superior.
   III) Em suas pesquisas sobre a sociedade patriarcal, Freyre fez um uso bastante diversificado e inovador das fontes, lançando mão de uma série de documentos que os historiadores não estavam habituados a utilizar. Jornais, entrevistas, receitas culinárias, cantigas populares, entre outros materiais, compuseram seu *corpus* e lhe permitiram resultados surpreendentes.
   a) Somente os itens I e II são verdadeiros.
   b) Somente os itens I e III são verdadeiros.
   c) Somente os itens II e III são verdadeiros.
   d) Todos os itens são verdadeiros.

4. Leia atentamente as premissas a seguir e assinale a alternativa correta:

   I) Sérgio Buarque de Holanda, assim como Gilberto Freyre, foi um intelectual avesso ao mundo acadêmico. Sua importância para a historiografia, contudo, é incontestável. Em parte, isso se explica pelo fato de que as universidades brasileiras, durante o período em que Holanda viveu, ainda davam os primeiros passos para sua consolidação, garantindo a existência de outras carreiras para os intelectuais.

   II) Como afirmou Antonio Candido, Sérgio Buarque de Holanda foi um dos três intelectuais mais importantes para sua geração, ao lado de Capistrano de Abreu e Francisco Varnhagen. Isso ocorria por Holanda e Capistrano terem uma visão erudita e privilegiada do universo da cultura, e por Varnhagen ter organizado as narrativas políticas do século XIX.

   III) Em *Raízes do Brasil*, Sérgio Buarque de Holanda desenvolve a tese do "homem cordial" que, em grande parte, foi elaborada como um complemento à ideia de "democracia racial", de Gilberto Freyre. Para Freyre, a relação branda entre senhores e escravos no período colonial foi o que resultou em uma harmonia entre as raças. Holanda, por sua vez, defende que essa harmonia gerou o tipo social cordial, sempre gentil, educado e solícito.

   a) Somente as premissas I e II são verdadeiras.
   b) Somente as premissas I e III são verdadeiras.
   c) Somente as premissas II e III são verdadeiras.
   d) Todas as premissas são falsas.

5. Leia atentamente as proposições a seguir. Na sequência, assinale a alternativa correta:

   I) Caio Prado Jr. "desrespeitou" a ortodoxia marxista ao discutir o problema econômico brasileiro por meio do prisma da circulação – uma opção teórico-metodológica, inclusive, cara aos economistas de corte liberal. No entanto, foi também por conta desse uso criativo do marxismo que sua obra se tornou tão influente.

   II) Depois de romper com sua classe social de origem, Prado Jr. juntou-se ao Partido Comunista Brasileiro. Contudo, nunca foi completamente bem visto entre seus companheiros militantes. Essa inserção tensa no comunismo, bem como sua posição de pária entre a elite dirigente, fez com que a carreira intelectual se tornasse uma das poucas alternativas de investimento social que restaram a Prado Jr. e que ele agarrou com vigor.

   III) Embora fosse um marxista preocupado fundamentalmente com processos econômicos, Caio Prado Jr. também se interessava pela cultura material. Nesse sentido, sua obra continua em parte os trabalhos de Capistrano de Abreu, especialmente as reflexões sobre as tecnologias típicas das zonas rurais do período colonial.

   a) Somente as proposições I e II são verdadeiras.
   b) Somente as proposições I e III são verdadeiras.
   c) Somente as proposições II e III são verdadeiras.
   d) Todas as proposições são verdadeiras.

Atividades de aprendizagem

Questões para reflexão

1. Discuta com seus colegas e professores sobre a importância específica de cada inovação teórica e metodológica desenvolvida pelos historiadores apresentados neste capítulo. Procure atentar para as rupturas que essas inovações provocaram nos contextos intelectuais em que emergiram.

2. Considerando apenas os três últimos autores apresentados, isto é, Gilberto Freyre, Sérgio Buarque de Holanda e Caio Prado Jr., bem como seu repertório a respeito da historiografia brasileira mais contemporânea, debata com seus colegas e professores a respeito dessas referências clássicas nos trabalhos produzidos nos dias de hoje.

Atividade aplicada: prática

1. Escolha um dos autores apresentados neste capítulo e leia algum texto de sua referência fundamental. Ranke, para o caso de Varnhagen; Spencer ou Ratzel, para o caso de Capistrano de Abreu; Franz Boas, para Gilberto Freyre; Weber, para Sérgio Buarque de Holanda; ou Marx, para Caio Prado Jr. Em seguida, compare sua leitura com a do autor brasileiro examinado.

Capítulo 5

Historiografia brasileira
contemporânea

Se remontarmos à origem e à formação da historiografia brasileira e a analisarmos até o século XIX (ou até o século XVI, se preferirmos incluir a produção portuguesa sobre nosso período colonial), perceberemos que essa área do conhecimento apenas alcançou o patamar de uma produção propriamente profissional nos anos 1970. Foi então que a consolidação de um sistema universitário e a ampliação do número de cursos de ensino superior, principalmente de pós-graduação, estabeleceram as condições para a ampliação da produção e da circulação da pesquisa em história no Brasil. Além dos efeitos sobre o volume de produção, a nova configuração institucional também impactou nos modelos de escrita, nas metodologias e nas temáticas de pesquisa – aspectos todos para os quais é importante que você atente quando estiver analisando o texto de algum autor.

Neste capítulo, vamos fazer um sobrevoo sobre o processo de constituição da historiografia profissional brasileira e apontar algumas características sobre seu estado atual. Em um novo contexto institucional e lançando mão de novas fontes e olhares renovados para temáticas e materiais já estabelecidos, surge o que muitos qualificaram como a *nova historiografia brasileira*. Conforme veremos, essa nova produção estabelece uma relação com os clássicos da geração anterior que não é de absoluta continuidade, tampouco de absoluta ruptura.

Inicialmente, lançaremos um rápido olhar sobre o percurso da institucionalização da história como disciplina acadêmica no Brasil, atentando especialmente para seus aspectos institucionais. Veremos como o modelo de historiografia profissional difundiu-se no país devido à consolidação do ensino superior bem como da criação e da proliferação dos centros de pós-graduação na área. Nos dois seguintes itens, vamos observar como, por causa da multiplicação de centros de ensino e de pesquisa de excelência, houve a ampliação de temáticas e a consolidação de subáreas de pesquisa. Inicialmente, optamos por apresentar exemplos de temas clássicos que foram revisitados e renovados para, na seção final, tratar de alguns casos ilustrativos das novas temáticas que se estabeleceram na disciplina.

(5.1)
PROFISSIONALIZAÇÃO DOS HISTORIADORES BRASILEIROS

Como vimos no capítulo anterior, há importantes autores anteriores aos anos 1970 que, ainda hoje, têm sua produção reconhecida, estudada e ensinada. A que nos referimos, então, ao situar a produção "profissional" apenas após esse marco? Trata-se de uma combinação de dois principais aspectos. De um lado, a autonomia disciplinar, no que tange à existência de um repertório próprio de metodologias e abordagens teóricas, bem como de parâmetros de avaliação da produção acadêmica. De outro, o estabelecimento de uma rede de instituições formadoras de profissionais, com produção e circulação de pesquisas – rede pautada pelos referidos parâmetros disciplinares. Isso implica a existência de cursos de formação (bacharelados e licenciaturas) e pós-graduação próprios, centros de pesquisa articulados (nacional e internacionalmente) e publicações especializadas na área. Em outras palavras, nos termos de Pierre Bourdieu: que haja um campo constituído (1996b).

Segundo Rezende Martins (2011), tal como no caso de outras ciências humanas, a historiografia passou por um grande processo de transformação depois da Segunda Guerra Mundial, que foi uma "época de ouro", caracterizada por "um avanço prodigioso" (Martins, 2011, p. 200) e pela renovação e enriquecimento das técnicas e dos métodos utilizados, assim como dos horizontes e dos domínios da disciplina. Como resultado, surgiu um modelo básico de produção historiográfica suficientemente compartilhado e difundido entre os centros de produção da área, consolidando-a como um modo de investigação social particular, autossuficiente e relativamente coeso. O caso brasileiro deu-se de maneira semelhante: a formação, renovação e ampliação da produção historiográfica no país foi, ao mesmo tempo, um processo de amadurecimento teórico e metodológico e de consolidação institucional.

A historiografia brasileira contemporânea surgiu com base nessas referências clássicas da primeira metade do século XX, sendo herdeira não apenas das temáticas e problemáticas levantadas por aqueles intelectuais, mas também das estruturas institucionais que eles ajudaram a produzir. Ao analisar o percurso da formação e do desenvolvimento da historiografia brasileira, Martins (2011, p. 203) identificou três principais etapas: "A primeira, dos desbravadores, se concentra no século 19, mas inclui autores e obras anteriores. A segunda, a dos pioneiros, abrange do final do século 19 até a década de 1930. A terceira, a da profissionalização, vem de finais da década de 1930 e se estende até meados da década de 1970". Desde então, passou-se a observar o processo de expansão, que continua nos dias de hoje.

Como vimos no capítulo anterior, os autores correspondentes à primeira fase, ainda no século XIX, não contavam com uma formação especializada e, por vezes, sequer com uma prática historiográfica formal. Eles se dedicaram especialmente a temas relativos ao império português e, progressivamente, passaram a considerar assuntos "brasileiros", em decorrência da independência do país. Apesar do baixo grau de institucionalização dessa produção como área autônoma, foram esses autores os primeiros a estabelecer tradições e maneiras de como pensar o Brasil, sua história e seu povo.

Os autores da segunda fase, que Rezende Martins (2011) denominou *pioneiros* – correspondendo, basicamente, àqueles autores e período que discutimos no capítulo anterior – caracterizaram-se por um trabalho de base erudita e de maior rigor metodológico. Foram eles que realizaram a transição em direção à historiografia de caráter moderno. Como os **desbravadores**, eles não tinham formação específica na área de história. Um itinerário intelectual e historiográfico comum nesse período correspondeu à migração da formação original em Direito para a especialização posterior em História – movimento mesclado, também frequentemente, a certa militância na política, na literatura e no jornalismo. Como você teve ocasião de ver no Capítulo 4, esse foi o caso de autores como Caio Prado Jr. e Sérgio Buarque de Holanda. Porém, diferentemente dos desbravadores, os autores dessa segunda fase contaram com uma prática historiográfica formal, produzindo conjuntos extensos de obras de notável coerência interna, transformando-se em alguns dos primeiros catedráticos em história do país. Na verdade, eles foram os professores a delinear os principais cursos de História em nossas universidades e a formar os historiadores que seriam, na geração seguinte, as principais referências na área – entre os mencionados, especialmente Sérgio Buarque. Eles orientaram e patrocinaram pesquisas diversas, aumentando notavelmente o conjunto de acervos arquivísticos examinados. Sob a alçada da história social e econômica – áreas que concentram seus temas e escritos – deram continuidade à preocupação com o sentido da história nacional e com a análise (e, na verdade, construção) da brasilidade.

Foi esse novo impulso teórico e metodológico recebido pela profissionalização dos pioneiros, nas décadas de 1940 e 1950, que inaugurou uma nova etapa para a historiografia brasileira; aquela que pode ser, efetivamente, chamada de *profissional* (Martins, 2011, p. 207). A profissionalização andou de mãos dadas com a institucionalização da disciplina como profissão, e isso passou, em grande medida, pela consolidação de um sistema de ensino superior de História e, em particular, de pós-graduação. A criação e a profissionalização dos cursos superiores de História no país são bastante recentes e deram-se de maneira desigual ao longo do território nacional. Segundo Silva e Ferreira (2016), o investimento na abertura de cursos superiores de História teve início na década de 1930, com uma evidente concentração nos estados do Sul e Sudeste. Em grande medida, essa centralização pode ser explicada pela concentração de instituições de ensino superior nessas regiões.[1] É após o Estado Novo, em parte devido ao aumento das demandas educacionais resultantes da industrialização e da urbanização, que o ensino superior brasileiro observou uma expansão mais efetiva, alcançando um total de 38 instituições de ensino superior em 1964. Acompanhando esse cenário, também os cursos de História aumentaram, alcançando no mesmo ano o número de 30 cursos (Silva; Ferreira, 2016, p. 132).

Conforme discutido por vários pesquisadores, o período da ditadura militar (1964-1985) marcou profundamente a educação no país e representou uma nova etapa na expansão universitária brasileira. Pode parecer paradoxal, mas o investimento na máquina pública pode ser explicado, em parte, pela necessidade de controle sobre a sociedade. Aliado a uma política repressiva e conservadora, o investimento foi especialmente evidente na área da educação, a qual,

---

[1] *Até o final do Estado Novo, existiam apenas cinco universidades no país. Segundo Silva e Ferreira (2016), elas eram: Universidade do Rio de Janeiro (nova denominação da famosa e pioneira Universidade do Brasil); Universidade de Minas Gerais (estadual), Universidade de São Paulo (estadual); Universidade de Porto Alegre (estadual) e Universidade Rural do Brasil (federal).*

segundo José Germano (2008, p. 322), foi "um dos setores mais visados e mais atingidos pela repressão política pós-1964". Universidades foram invadidas, houve reitores/interventores militares, a política estudantil foi reprimida e muitos estudantes, professores e cientistas foram processados, presos, cassados e exilados. Contudo, apesar do autoritarismo, do ponto de vista institucional, houve inovações, como a primazia de universidade sob o modelo de instituições isoladas, a construção dos *campi* universitários e a efetiva implantação da pós-graduação, o que tornou possível a pesquisa universitária.[2]

No caso de História, por exemplo, até 1964, existiam 30 cursos institucionalizados no país. Entre 1965 e 1985, foram criados 43, especialmente nas regiões Norte, Nordeste e Centro-Oeste, contribuindo, portanto, para a descentralização do ensino superior na área. Durante a redemocratização e depois da Assembleia Constituinte de 1988, quando a discussão sobre a educação no país se intensificou, a tendência à abertura de instituições de ensino superior fora do eixo Rio-São Paulo, em cidades ditas de interior, se manteve. Entre 1986 a 1996, foram criados mais 41 cursos de História. Em 1996, com a aprovação da Lei de Diretrizes e Bases da Educação (LDB), que estipulou a obrigatoriedade da habilitação em nível superior para os professores da educação básica, houve novo estímulo à criação de cursos na área, especialmente de licenciaturas. Até 2010, surgiram mais 104 cursos de História (Silva; Ferreira, 2016, p. 138).

---

2 *É interessante apontar que, apesar do investimento do governo militar federal no ensino superior, as universidades públicas vieram a ser um dos principais focos de resistência e contestação ao Estado militar, "tanto do ponto de vista acadêmico como político" (Germano, 2008, p. 328), tendo sido um espaço onde foram gestados alguns dos atores que vieram a contribuir para o processo de democratização do país.*

Se a trajetória do ensino superior de História no Brasil é recente, a da pós-graduação é ainda mais tardia, ganhando efetivamente corpo e volume apenas a partir da década de 1980. Em grande medida, a reflexão teórica e metodológica sobre a historiografia foi estimulada pelo crescimento acelerado de programas de pós-graduação. Segundo Martins (2011, p. 211), entre 1970 e 2010, "o crescimento das oportunidades de formação avançada em pesquisa foi exponencial", alcançando-se, em 2011, um total de 58 programas de pós-graduação em História – sendo que 30 deles ofereciam a possibilidade de obtenção do grau de doutor.

Com a consolidação de um sistema de pós-graduação, a pesquisa em História finalmente se profissionalizou. Esse processo foi acompanhado pela multiplicação de publicações especializadas e congressos, de modo que hoje podemos falar da existência de um campo ou sistema de produção e circulação de historiografia em nosso país. O crescimento e a descentralização do ensino de História terminaram por favorecer uma renovação temática e ampliação das fontes consideradas, devido à realização de pesquisas de recortes regionais e à incorporação de materiais empíricos inéditos, que estavam sob a guarda de arquivos locais e regionais. Outro fator que favoreceu o avanço e a diversificação dos objetos históricos estudados foi a organização dos programas em áreas de concentração, com linhas de pesquisa, possibilitando que as distintas investigações em andamento pudessem ser agregadas (Martins, 2011, p. 212).

Nos anos 1950, já era possível constatar alguma inovação em termos de temáticas pesquisadas. Mas foi a partir da década de 1970 que esse crescimento se tornou exponencial, resultado da institucionalização do ensino e da pesquisa de História nas universidades brasileiras, dos "avanços notáveis na apropriação sistemática das fontes para a história do Brasil" (Martins, 2011, p. 202), da internacionalização dos temas e das perspectivas, bem como da expansão de estudos no e sobre o Brasil, que resultaram em um crescimento exponencial da área.

Como resultado da influência exercida pelos Annales na historiografia brasileira, as abordagens demográficas, seriais e quantitativas foram dominantes pelo menos até a década de 1980 – isso, apesar da emergência de novos campos epistemológicos e disciplinares, que já se fazia sentir (Martins, 2011). Foi a partir de então que novos campos, como história social, história cultural e história das ideias, foram progressivamente ganhando força e passaram a ter maior peso dentro dos departamentos. Simultaneamente, as pesquisas que anteriormente eram feitas na história econômica passaram a alocar-se em outras áreas disciplinares, particularmente nos departamentos de Economia (Burke, 2002).

(5.2)
Temáticas clássicas revisitadas

Em novo contexto institucional, e lançando mão de novas fontes e olhares renovados para temáticas e materiais já estabelecidos a partir dos anos 1970, surgiu o que muitos qualificaram como a nova historiografia brasileira (Martins, 2011; Freitas, 2007). Conforme já comentamos, essa nova produção historiográfica estabeleceu uma relação bastante estreita com os clássicos da geração anterior – alguns dos quais tivemos a ocasião de discutir no Capítulo 4.

Para compreender adequadamente a produção que passou a ser feita, um dos aspectos fundamentais para o qual você deve atentar é o caráter da relação que ela estabeleceu com seus predecessores. De modo geral, não se tratou apenas de continuidade, tampouco apenas de ruptura. Conforme aponta José Carlos Reis, na história, intérpretes se sucedem, não se eliminam (Reis, 2002, p. 12). Isso é especialmente pertinente no caso de autores e obras que se tornaram clássicos. Mas o que exatamente seria um clássico? Qual a importância e o papel desses autores e obras em uma nova fase, que reconhecidamente aprofundou a produção e ampliou seu escopo?

Em um interessante livro, Ítalo Calvino (1993) apresenta algumas definições e características do que seriam clássicos. Todas as sugestões que aponta são instigantes, mas algumas são especialmente elucidativas no que tange à produção acadêmica: seriam clássicos "aqueles livros que chegam até nós trazendo consigo as marcas das leituras que precederam a nossa e atrás de si os traços que deixaram na cultura ou nas culturas que atravessaram" (Calvino, 1993, p. 11). A força desse tipo de obra se revela na capacidade que têm de provocar continuamente releituras e discursos críticos sobre si – como consequência disso, ainda, eles terminam por estar presentes na genealogia de outros clássicos. Tal era o caso da historiografia brasileira contemporânea: o advento da nova historiografia não tornou os clássicos descartáveis; eles permaneceram referências importantes na sequência e encadeamento de teorias, argumentos e leituras produzidas, além de atuarem como testemunhas ou documentos, eles próprios, de distintos tempos históricos brasileiros.

Assim, a renovação observada nos anos 1970 revisitou argumentos, temas e fontes já estabelecidos na historiografia do e sobre o Brasil – como as discussões sobre o Brasil Colonial, Império e Independência; as investigações acerca da escravidão negra no país, das relações étnico-raciais e do racismo; e o estudo da vida política e intelectual brasileira no período republicano. A seguir, você encontrará breves comentários sobre a revisão crítica dessas temáticas clássicas na história do Brasil.

5.2.1 História do Brasil Colônia

A produção sobre o período colonial no Brasil apresenta um interessante diferencial se comparada a outras temáticas da historiografia brasileira: foi, praticamente desde seu início, uma história cultural. Começando com Capistrano de Abreu e seguindo com autores de grande envergadura, como Gilberto Freyre e Sérgio Buarque de Holanda, a história do Brasil Colônia foi pensada na chave da cultura – e, inclusive, das mentalidades, conforme apontou Laura de Mello e Souza (2007). Trata-se, portanto, de uma área precursora da abordagem histórica cultural em nosso país, e isso não apenas por ter antecipado, em várias décadas, um tipo de análise que viria a se estabelecer com força e de maneira mais geral na disciplina apenas a partir dos anos 1970, mas também pelo relevo dos nomes desses historiadores. Como vimos, esses autores marcaram suas épocas e foram capazes de produzir verdadeiras tradições e linhagens de como fazer história e analisar o Brasil. Uma notável exceção é o trabalho de Caio Prado Jr., que também estabeleceu uma importante tradição e linhagem de estudo no Brasil, mas, em vez de focar na cultura, investiu em uma abordagem econômica, que foi especialmente influente durante os anos 1960 até fins da década de 1970.

A história cultural do Brasil colonial foi responsável por algumas importantes inovações metodológicas. No trabalho de Capistrano de Abreu, por exemplo, chama a atenção o uso da cultura material como chave para pensar a colônia, colocando em foco as relações entre meio ambiente, geografia, populações e práticas culturais – temas que hoje estão em voga, haja vista, por exemplo, as discussões sobre o Antropoceno.[3] Gilberto Freyre, que tem sido tratado como um autor ideologicamente conservador, é reconhecido como revolucionário no que tange à metodologia e principalmente ao uso de fontes (Souza, 2007; Queiróz, 2007). O autor deu dignidade a materiais até então desconsiderados para a análise histórica, como jornais, revistas, correspondências e mesmo cantigas, depoimentos orais e práticas cotidianas das mais diversas.

Por sua vez, Sérgio Buarque de Holanda conseguiu aliar a rica tradição ensaística brasileira ao rigor metodológico e refinamento teórico, podendo ser considerado então um autor de passagem não apenas entre variados estilos de escrita acadêmica, mas também de distintos paradigmas de validação do conhecimento científico em história. Segundo Laura de Mello e Souza (2007, p. 23), Holanda representa "o início de uma história cultural madura e rigorosa do ponto de vista teórico e metodológico".

Apesar de ter sido uma constante na produção historiográfica no país, a história cultural do Brasil Colônia observou um arrefecimento durante os anos 1960 e parte da década de 1970, fenômeno que, ao menos em parte, pode ser explicado pela politização vivida no período, que reforçou o interesse no estudo das formas de luta política, do funcionamento da economia e das grandes estruturas consideradas fundamentais na sociedade brasileira (Souza, 2007). Foi apenas na década de 1980 que a história cultural da colônia passou a ser novamente um tema recorrente no conjunto de pesquisas histórias realizadas. Isso se deu tanto por movimentos internos à disciplina quanto pelo contexto social mais geral. Os anos 1980 se destacaram

---

3   Como exemplo, podemos citar o livro Capitalismo e colapso ambiental *(2015)*, *de Luiz Marques, que, apesar de recente, já se mostra uma referência fundamental nas discussões sobre o Antropoceno. A obra foi contemplada com o Prêmio Jabuti nas categorias Ciências da Natureza, Meio Ambiente e Matemática de 2016.*

como o momento ápice de valorização da história cultural – não apenas na temática do Brasil Colônia, mas na disciplina como um todo. Por sua vez, na sociedade brasileira, com o processo de redemocratização, observou-se a ascensão de novos movimentos sociais marcados por identidades particulares, que resultaram na demanda pela visibilização da presença de outras vozes na história nacional. A história cultural retomou então fôlego, e o fez em bases renovadas.

Uma importante diferença entre a produção clássica da primeira metade do século XX e a história cultural que passou a ser realizada após essa renovação foi o abandono do ensaio como gênero de escrita acadêmica válido e valorizado, que progressivamente perdeu espaço, à medida que a profissionalização da disciplina avançou. As temáticas clássicas permaneceram presentes – mestiçagem; heranças portuguesa, negra e indígena; estrutura social e do trabalho no período. Mas esses temas não estiveram mais submetidos ao interesse mais geral de pensar o caráter nacional ou a existência e a natureza do brasileiro. A atenção a aspectos que poderiam ser tidos como "menos nobres", que já se fazia presente nos clássicos (como no trabalho de Capistrano de Abreu, que atentou para a rudeza dos hábitos e a pobreza material), foi intensificada, respondendo aos interesses então em voga sobre populações ditas subalternas, que haviam sido invisibilizadas ou preteridas pela história nacional.

Um exemplo representativo dessa renovação é a obra de Laura de Mello e Souza, que dedicou sua carreira ao estudo da história cultural do Brasil colonial e é organizadora e coautora do primeiro volume da famosa coleção *História da vida privada no Brasil: cotidiano e vida privada na América portuguesa* (Souza; Novaes, 1997) – obra que é referência fundamental na área, vencedora do Prêmio Jabuti de 1998 na categoria de Ciências Humanas.

Souza foi pioneira na pesquisa sobre populações pobres produzidas no ciclo do ouro mineiro, religiosidade popular e feitiçaria no Brasil Colônia. No livro *Desclassificados do ouro: a pobreza mineira no século XVIII* (1981), por exemplo, ela mostra como a mineração produziu não apenas riqueza para fidalgos e senhores de terra, mas também pobreza e expropriação para grande contingente de pessoas – que ela chamou de *desclassificados*. Nos livros *O diabo e a Terra de Santa Cruz: feitiçaria e religiosidade popular no Brasil colonial* (1986) e *Inferno atlântico: demonologia e colonização* (1993), a autora se debruçou sobre as religiosidades populares do período. Esses temas e populações haviam sido invisibilizados por estarem ausentes nas documentações oficiais. As pesquisas de Laura de Mello e Souza demandaram, por isso, um trabalho de arquivo rigoroso, que lhe permitiu descobrir fontes até então não sistematizadas e, por isso, não analisadas, tais como manuscritos da administração colonial ou processos inquisitoriais da Igreja católica.

5.2.2 História da escravidão negra no Brasil

Podemos afirmar que a história da escravidão negra é uma das temáticas mais clássicas e profícuas da historiografia brasileira e também uma das que obteve maior reconhecimento internacional. Sendo uma área com grande volume e qualidade de investigações, a verdade é que ela foi, a todo momento, revisitada. Ainda assim, é possível destacar alguns movimentos principais de renovação desses estudos. As abordagens clássicas do assunto foram duas: de um lado, a história social e cultural sobre o negro e sobre a escravidão, representadas especialmente pela tradição iniciada por Gilberto Freyre; de outro, a história econômica sobre o impacto do trabalho escravo na estruturação da sociedade brasileira, sobre a qual podemos destacar, como inspiração fundamental, os trabalhos de Caio Prado Jr.

Ao tratar da escravidão, Freyre estava interessado em pensar a contribuição da raça negra para a construção do Brasil e do brasileiro e, como chamamos a atenção no capítulo anterior, o autor respondia a uma tradição historiográfica iniciada no século XIX, com o Instituto Histórico e Geográfico Brasileiro (IHGB). Idealizando as práticas escravistas, o autor enfatizou a suposta amenidade da relação senhor-escravo no país, em comparação com a violência do regime escravocrata em lugares como os Estados Unidos, recuperando uma proposição colocada no pensamento conservador brasileiro do século XIX. Terminou, assim, por dar continuidade e reconhecimento acadêmico a essa tradição, reforçando os mitos de brandura do senhor de escravos brasileiros e difundindo a crença na existência de uma **democracia racial** no Brasil. Essa leitura, ideologicamente conservadora, foi frontalmente criticada a partir dos anos 1950. Tratava-se de um contexto de descrédito das teorias de corte racial (com o fim da Segunda Guerra Mundial e a publicização do holocausto) e de intensificação de movimentos negros no mundo (particularmente, nos Estados Unidos, onde a luta pela igualdade racial e pela ampliação de direitos civis ganhou força). Nesse cenário, uma nova geração de pesquisadores passou a apontar a violência como elemento estruturante da relação entre escravizados e senhores no Brasil, e a defender que a sociedade brasileira moldava-se em dois mundos – o dos brancos e o dos negros – que, longe de serem harmônicos, eram cultural e socialmente separados e antagônicos. Um nome fundamental nessa geração de pesquisas é o do sociólogo Florestan Fernandes, que, com sua famosa participação na equipe do Projeto Unesco sobre relações raciais no Brasil, contribuiu para o desmonte do mito da democracia racial.[4] Outros pesquisadores importantes foram Otávio Ianni, Emília Viotti da Costa e Fernando Henrique Cardoso (Queiróz, 2007).

Na outra linha clássica de análise do tema no Brasil, influenciada pela história econômica de Caio Prado Jr., a escravidão era considerada pedra fundamental do processo brasileiro de acumulação capitalista. Lançando mão de uma abordagem marxista, pensava-se a escravidão como parte do sistema de produção colonial – e, portanto, como parte do sistema capitalista mundial. As questões que eram base nessa perspectiva eram voltadas às consequências desse modelo de exploração de trabalho na formação social e econômica da sociedade brasileira. A revisitação dessa abordagem é bastante contemporânea e está especialmente em voga nos dias atuais, em que, não apenas no Brasil, mas em todo o mundo, a escravidão tende a ser pensada não mais com base nos casos nacionais isolados, mas no marco de sistemas mundiais – particularmente do chamado *sistema transatlântico*.

No entanto, entre a abordagem culturalista (muitas vezes, bastante próxima da micro-história) e a abordagem econômica (definitivamente, atenta para uma dimensão macroscópica do fenômeno), a primeira parece ser a mais frequente. Essa história social e cultural sobre a

---

4   Nos anos de 1951 e 1952, a Organização das Nações Unidas para a Educação, Ciência e Cultura (Unesco) patrocinou uma série de pesquisas sobre relações raciais no Brasil. Vivia-se o pós-Segunda Guerra, e o objetivo da ONU era contribuir para que um conflito como o vivido jamais tornasse a se repetir. Uma vez que o nazismo foi identificado como um movimento de intolerância contra as diferenças, o projeto pretendia identificar casos e modelos de convivência harmoniosa entre populações racial e culturalmente diferentes. Tendo por premissa o mito da democracia racial brasileira, que fora internacionalmente publicizado por meio da obra de Gilberto Freyre, assumiu-se que o Brasil correspondia a um caso de convivência harmoniosa. A pesquisa de Florestan Fernandes, contudo, contrariando as premissas colocadas, mostrou que o racismo estava fortemente presente nas relações entre brancos e negros no Brasil – ele apenas era de outra natureza quando comparado ao racismo oficialmente segregacionista presente nos Estados Unidos. Para mais detalhes sobre o assunto, você pode conferir o artigo de Marcos Chor Maio (1999).

escravidão passou ainda por novos momentos. Observou-se também uma diversidade temática na área. Um importante exemplo são os estudos sobre rebeldia negra: em sintonia com o crescente interesse pelas histórias e vozes das populações subalternas, entre fins da década de 1970 e ao longo dos anos 1980, surgiram trabalhos sobre casos de resistências e revoltas negras. Houve ainda uma mudança no recorte regional dos estudos: com a ampliação e a interiorização do sistema de ensino e pesquisa da história no país, houve a possibilidade de expansão de estudos de caráter regional, que, por um lado, evidenciaram a onipresença da escravidão negra no Brasil (que era antes questionada), e, por outro, possibilitaram investigar as particularidades de dinâmicas locais ao longo do país. Surgiram ainda pesquisas sobre temáticas diversas, como a família escrava, as irmandades negras, os modelos de alforria, a etnicidade e as relações interétnicas, o tráfico interno e externo de escravos etc. (Florentino, 2006).

De modo geral, nos anos 1980, essa multiplicação de temáticas e abordagens seguiu a tendência de pensar os escravizados e os libertos negros como sujeitos históricos. Tal como no caso da história das mulheres, que teremos ocasião de discutir adiante, o esforço era no sentido de recuperar a ação dessas pessoas na história, rejeitando o papel de vítimas passivas como o único desempenhado por elas. Procurou-se, assim, mostrar a importância da resistência negra na abolição – tentando reescrever a historiografia que referendava a versão abolicionista que atribuía o feito a determinadas elites brancas. Mais recentemente, a partir dos anos 2000, na senda desses trabalhos, um novo conjunto de pesquisas passou a debruçar-se também sobre a pós-abolição, tratando de temas acerca da liberdade, da cidadania e das condições da população negra no período que se seguiu ao fim de seu cativeiro (Fortes; Mattos, 2015).

5.2.3 História política

No início do século XX, a história política brasileira era ainda tradicional, mais voltada aos políticos de Estado, suas vidas e feitos. Porém, desde então, ela passou a ter, progressivamente e cada vez mais, caráter social, econômico e cultural. Como vimos no Capítulo 4, com o trabalho de Capistrano de Abreu, passou a ser construída uma tradição de história do Brasil menos focada nos feitos da classe dirigente e seus indivíduos e mais atenta aos movimentos e eventos relativos às populações. Da mesma maneira, a abordagem factualista passou a dar lugar a um olhar construído com base em recortes sociológicos, econômicos ou antropológicos, lidando, portanto, com problemáticas e questões de fundo teórico. Entretanto, se essas novas perspectivas para se produzir histórias políticas no Brasil existiam desde o início do século, seria apenas na segunda metade que elas passariam a ganhar força na disciplina.

O caso das transformações nos estudos sobre os anos 1930 e o Estado Novo pode servir de exemplo para tratarmos de alguns dos movimentos vividos na historiografia sobre a política no Brasil. Os eventos do período (particularmente aqueles envolvendo a chamada *Revolução de 1930*) têm sido marcos fundamentais e exemplares para se pensar a República brasileira, seja em suas potencialidades, seja em suas falhas ou limitações. Os primeiros trabalhos sobre o assunto, produzidos desde os anos 1940 até os anos 1960, caracterizaram-se por tratar desses eventos no quadro de uma **biografia nacional**. Ora vistos como período de continuidade e reacomodação, ora como ocasião de ruptura e revolução, os anos de 1930 foram considerados um dos momentos fundamentais da história do Brasil, a qual seria linear e se faria inteligível a partir dos eventos relativos ao Estado e ao poder político. Como você deve perceber, trata-se de uma perspectiva que ecoa o modelo de história científica de Ranke, a qual privilegiava a história política como chave para se pensar os países e as sociedades. Apesar de ter, contemporaneamente, perdido força, a persistência dessa visão é evidenciada, por exemplo, no fato de que, mesmo hoje, a periodização pautada pelas rupturas político-institucionais permanece como referência importante – falamos de história do império, história colonial, história da República, do período ditatorial, do período democrático etc.

A partir da década de 1960, começaram a surgir esforços por distanciar a produção historiográfica sobre o período dos anos de 1930 da história oficial e da história dos vencedores – críticas correntes que passaram a ser feitas aos primeiros escritos sobre o tema. Uma alternativa para tanto foi atentar para a perspectiva dos vencidos (abordagem que seria mais explorada nos anos de 1980) e procurar pensar o caso brasileiro em um contexto mais geral (na linha, por exemplo, dos trabalhos de Caio Prado Jr., que pensou a realidade política, social e econômica brasileira como parte do sistema capitalista mundial).

Esta última abordagem, que tirava o foco dos contextos locais imediatos e procurava associá-los de maneira articulada a estruturas e sistemas mais amplos e gerais, foi especialmente forte durante as décadas de 1960 e 1970 e foi muito marcada pela perspectiva marxista. Tal perspectiva, somada à história estrutural e demográfica (que também proliferou no país nessas duas décadas, como resultado da influência dos Annales na historiografia brasileira), ao privilegiar uma história quantitativista e de longa duração, contribuiu para o relativo desaparecimento da história política de corte mais tradicional que atentava quase exclusivamente para os políticos e seus feitos.[5]

No final dos anos de 1970 e durante a década de 1980, uma nova entrada veio a se somar à desconstrução daquela primeira abordagem dos estudos dos anos 1930: em vez de pensar seus eventos como resultados apenas de uma disputa entre elites, passou-se a atentar para a **pluralidade de sujeitos e processos envolvidos**. Ganharam luz, então, as disputas entre uma esquerda comunista e uma direita fascista ou integralista, assim como as disputas em torno de tipos de nacionalismos e de modelos de industrialização para o país. Para além das classes dirigentes, entraram em foco a presença e o papel das classes médias e também das classes operárias. De modo geral, deixou-se de pensar esses eventos em termos de uma história linear (fosse de continuidade ou de ruptura) e passou-se a pensá-los em termos de um complexo campo de possibilidades (Borges, 2007).

Portanto, a partir dos anos de 1980, assim como em todos os outros campos da produção historiográfica brasileira, novos movimentos tiveram foco, levando a uma renovação de temáticas, recortes e fontes utilizadas para as pesquisas. Em especial, a tendência de multiplicação de temas e a atenção a casos particulares, com base em uma abordagem culturalista, ganharam terreno. Na área dos estudos sobre classe operária, por exemplo, o foco deixou de ser apenas os movimentos de operários e passou a ser também as condições de existência dessas pessoas e o cotidiano delas e de suas famílias: surgiram estudos sobre os processos de trabalho, sobre a cultura operária, sobre

---

5   *Dizemos "relativo" porque esse tipo de história, na verdade, nunca deixou efetivamente de ser produzido, apenas deixou de ocupar uma posição dominante e hegemônica na disciplina.*

as mulheres operárias, sobre correntes sindicais reformistas, sobre a legislação trabalhista, entre outros (Batalha, 2007).

Intensificou-se também a ampliação dos recortes temporais (aumentando a produção sobre a República e o período da ditadura civil-militar e, contemporaneamente, também sobre o período da redemocratização). Houve ainda a amplificação e a diversificação de fontes utilizadas e a tendência a pesquisas menos generalistas: com base no acesso a acervos e casos regionais, tornou-se cada vez menos frequente a representação de uma suposta realidade brasileira e cada vez mais comum a diversificação de trabalhos por recortes regionais e por setores de produção. Talvez a principal característica que devamos apontar aqui é a adoção de uma noção ampliada de política, debitária da obra de Michel Foucault, que permitiu pensar essa categoria para além do Estado e de seus recortes mais tradicionais. Uma vez que todas as relações sociais são de poder, é possível encontrar política em toda e qualquer temática e recorte. Suas noções de micropolítica, diretamente associadas à das microfísicas do poder, evidenciam que, se existem grandes poderes e dominações estruturais, elas apenas funcionam e são tão persistentes por serem sustentadas por um extenso conjunto de práticas de sujeição microscópicas, porém onipresentes, posto que cotidianas.

Assim, coexistem hoje duas perspectivas de pesquisa sobre a história política no Brasil. De um lado, há trabalhos que adotam um viés globalizante e macropolítico, e que pensam ainda o Estado, suas instituições e os grupos de poder (mas que, certamente, o fazem em bases renovadas). De outro, há uma abordagem mais atenta em estudar poder – e particularmente os micropoderes – e menos focada na política em seu sentido tradicional. Voltada a realidades e processos cotidianos e à maneira como as estruturas de poder agem diferencialmente conforme a realidade particular considerada, essa produção está associada a perspectivas próprias da história cultural e da micro-história. Muito influenciada por autores como Michel De Certeau, Michel Foucault e Pierre Bourdieu (pesquisadores que, de maneiras distintas, propuseram-se a pensar as relações de dominação e também de resistência no cotidiano e no mundo cultural), essa história política deixou, então, de ser apenas da classe política, do Estado ou dos governos, tornando-se também o estudo sobre o poder presente nas relações étnicas e de gênero, na escola, no mundo do trabalho etc.

(5.3)
Novas temáticas

A renovação da produção historiográfica brasileira não implicou apenas a revisão de temáticas clássicas, mas também a proliferação de novos temas e áreas. Algumas obras de referência sobre a produção contemporânea permitem avaliar a amplitude e a diversidade que se estabeleceu na disciplina. Surgiram áreas importantes, como a historiografia da classe operária, a história das mulheres, o estudo das cidades e a investigação de produções culturais (como literatura, pintura e arquitetura), temas esses que, hoje, são (quase) clássicos, dada a relevância que assumiram. Mas há ainda uma série de outros assuntos que passaram a ser objeto sistemático da atenção de historiadores, como história empresarial, história da família, história das relações internacionais, da tecnologia etc. Nenhuma dessas temáticas é absolutamente nova: em todos os casos, é possível encontrar precursores. Mas o fato é que, como campos de estudos configurados, com arcabouços de discussões próprios e estruturados, certamente são novidades.

A seguir, tratamos de três novas temáticas que, a nosso ver, são especialmente importantes na contemporaneidade: a historiografia como ramo ou subárea da história, a história das mulheres e a história sobre a África. Com esses exemplos, esperamos mostrar como a renovação temática na disciplina foi resultado tanto de movimentos internos à área (decorrentes especialmente da profissionalização da história e do consequente aprimoramento teórico e metodológico) quanto de um contexto político e social mais geral (no qual, devido à emergência de novos movimentos sociais e da abertura democrática, gerou uma demanda pela inserção de vozes e populações que haviam sido, até então, preteridas no estudo da história do país).

5.3.1 Historiografia como subárea da disciplina História

Talvez você já tenha se deparado com o fato de a palavra *historiografia* ter distintos sentidos. De um lado, designa toda a produção feita por historiadores; de outro, é utilizada para se referir a uma área específica, na qual historiadores estudam a produção de outros historiadores – por isso, às vezes, ela é chamada também de *história da historiografia*.

Nesta seção, trataremos dessa segunda acepção. A *historiografia* entendida como reflexão de historiadores sobre o trabalho de outros historiadores e intelectuais dedica-se a recompor e analisar a trajetória e as condições de possibilidade do próprio conhecimento histórico. A partir dos anos 1970, surgiram vários estudos de historiografias produzidos por profissionais universitários, caracterizados por uma preocupação de caráter acadêmico, especialmente no que concerne a reflexões metodológicas (Godoy, 2009).⁶ Tal como aconteceu nos centros europeus e estadunidenses de estudos da história, trata-se de uma área que tem apresentado notável crescimento. Da mesma maneira como outras temáticas que emergiram com força nos anos 1970, a historiografia brasileira tem experimentado franco crescimento e atingido graus de institucionalização e prestígio significativos, existindo hoje centros de referência no assunto em diversas universidades brasileiras, com linhas de pesquisa dedicadas especificamente ao estudo historiográfico.⁷

Nos anos 1990, a consolidação do tema já era evidente, observando-se o aumento de publicações na área – com destaque para alguns trabalhos que rapidamente se transformaram em referências fundamentais para estudantes e pesquisadores de história. Surgiram também esforços de sistematização dessa produção, com a publicação de importantes coletâneas e dossiês temáticos.⁸ Mas, talvez, o principal aspecto a evidenciar a força da temática e abordagem historiográfica seja o fato de ela ter se tornado um tema dominante

---

6 *Alguns exemplos que podem ser citados são os trabalhos de Carlos Guilherme Mota,* Ideologia da cultura brasileira *(1977); do sociólogo Sérgio Miceli,* Intelectuais e classe dirigente no Brasil (1920-1945) *(1979); e de José Roberto do Amaral Lapa,* A história em questão *(1981).*

7 *Algumas das primeiras linhas de pesquisa vinculadas aos programas de pós-graduação em História no Brasil tornaram-se, hoje, centros de produção e formação de pesquisadores na área – é o caso da Universidade Federal do Rio Grande do Sul (UFRGS), da Universidade Federal do Rio de Janeiro (UFRJ), da Universidade Federal de Ouro Preto (UFOP) e da Universidade de Brasília (UnB).*

8 *Exemplos de coletâneas que se transformaram em referências sobre os trabalhos historiográficos brasileiros contemporâneos são:* Domínios da história, *organizada por Flamarion Cardoso e Vainfas (1997);* As identidades do Brasil, *de José Carlos Reis (2002);* Historiografia brasileira em perspectiva, *organizada por Freitas (2007);* Historiadores do Brasil, *de Francisco Iglésias (2000);* Intérpretes do Brasil, *organizado por Axt e Schüler (2004). É importante citar também a Revista* História da Historiografia, *que periodicamente publica trabalhos na área.*

que, hoje, perpassa todos os outros assuntos. Isso é patente pelo fato de grandes historiadores brasileiros, que produziram trabalhos de corte mais tradicional (com rigoroso trabalho de arquivo) e sobre temas já clássicos, como escravidão, colônia ou império, também terem produzido importantes reflexões de caráter historiográfico, que terminaram por se tornar referência geral de metodologia e análise historiográfica, para além do tema específico por eles pesquisado.

Vejamos um exemplo, entre tantos outros que poderíamos citar aqui: a obra de Manolo Florentino e João Fragoso, *Arcaísmo como projeto*, publicada em 2001, apresenta uma importante e inovadora tese sobre os traficantes de escravos na passagem do Brasil Colônia para o Brasil imperial. Ela reinterpreta grande parte do que havia sido dito sobre o tema até então e apresenta o caso brasileiro como diverso ao processo de ascensão das classes mercantis da Europa Ocidental. Segundo os autores, diferentemente dos comerciantes europeus (que, seguindo uma lógica dita capitalista e moderna, desafiaram as nobrezas de seus respectivos países, levando ao surgimento da burguesia e a sua ascensão como classe social dominante), os traficantes de escravos no Brasil investiram o capital acumulado na compra de terras. Em outras palavras, em vez de reinvestir em um negócio altamente lucrativo e de rápido retorno, optaram por um negócio muito menos rentável financeiramente e de retorno lento, mas que garantia o acesso a um *status* que, no Brasil, remetia simbolicamente à nobreza. Para defender essa tese, os autores apresentam, no primeiro capítulo do livro, uma ampla revisão e análise crítica da historiografia brasileira, de tamanha relevância que se tornou hoje uma referência central para todos aqueles que estudam história econômica do Brasil. Esse e outros exemplos mostram que, hoje, os grandes especialistas em uma área temática são também mestres na historiografia do tema. Em parte, essa predominância parece decorrer do fato de a a acepção ora considerada ter sido associada a discussões e estudos de caráter teórico e metodológico. Quer dizer, a *historiografia*, como subárea da história, foi associada ao debate e à construção de teorias e metodologias próprias à disciplina. Assim, suas discussões podem ser úteis e dizer respeito às mais variadas temáticas. É possível, por exemplo, que a leitura de um trabalho sobre o Brasil Colônia, como o de Florentino e Fragoso (2001), possa ajudar a delinear a abordagem analítica a ser utilizada em uma pesquisa sobre trabalho no mundo contemporâneo. Por isso se espera, hoje, que historiadores conheçam minimamente o estado da arte desse campo, que se tornou, então, uma referência incontornável, independentemente da área ou temática particular de interesse de alguém.

5.3.2 História das mulheres

Em historiografias tradicionais, dominadas por homens, pouco ou nada se falava sobre as mais distintas condições e situações vividas por mulheres no mundo ao longo dos tempos (Soihet, 1997).[9] Elas estiveram ausentes das produções de viés positivista não apenas pelo machismo institucional que tornava a temática uma "não questão", mas também porque as mulheres haviam sido, tradicionalmente, associadas e relegadas aos espaços privados da vida social, e esse

---

9 *No caso brasileiro, a origem marcadamente masculina da disciplina também foi uma realidade. Segundo Estevão Rezende Martins, a primeira mulher a assumir uma cátedra de História em uma universidade pública brasileira foi Alice Canabrava, em 1951, na Faculdade de Economia e Administração da Universidade de São Paulo, na área de História Econômica Geral e Formação Econômica do Brasil (Martins, 2011, p. 207). Analisando o caso da Universidade de São Paulo (USP), Diogo Roiz mostra como, mesmo no contexto de expansão universitária e de aumento da presença feminina nos cursos de ensino superior, a proporção de mulheres diminuía ou mesmo desaparecia quando observados os escalões de ascensão na carreira (Roiz, 2012).*

tipo de produção tinha um interesse quase que exclusivo pela história política e pelo domínio público. A história das mulheres surgiu, assim, da constatação dessa negação e esquecimento.

O advento da história das mulheres como campo de estudos na historiografia brasileira seguiu uma tendência que teve início nos Estados Unidos e na França a partir da década 1970, quando a crescente presença de mulheres nos espaços institucionais, a onda feminista dos anos 1960 e o já referido contexto de renovação e ampliação das temáticas pesquisadas na história estabeleceram uma grande demanda por informações e pesquisas acerca da condição feminina. No campo historiográfico, a história das mulheres beneficiou-se especialmente do advento da história cultural, que se debruçou sobre grupos e identidades coletivas até então ignoradas (como operários, camponeses, escravos, pessoas comuns etc.), contribuindo para a pluralização dos objetos de estudo na disciplina (Soihet, 1997).

Apesar de essa renovação da produção historiográfica ter sido fundamental para que as mulheres fossem alçadas à condição de objeto e de sujeito da história, seria um engano considerarmos que a emergência desse novo campo de estudos tenha se dado exclusivamente (ou mesmo principalmente) por um movimento interno aos espaços acadêmicos. Pelo contrário: a chamada *segunda onda do movimento feminista*, que teve seu epicentro na década de 1960 nos Estados Unidos, foi fundamental para tanto. Foi a partir dessas mobilizações e militâncias, e da enorme demanda então gerada por informações sobre as mulheres e as condições femininas, que as pesquisas e os cursos de história das mulheres passaram a se multiplicar na década subsequente. Esse movimento não foi exclusivo da História, tendo acontecido também nas outras disciplinas da área de humanas. Na verdade, uma marca dessa produção incipiente sobre as populações femininas foi a interdisciplinaridade, com diálogo entre áreas como literatura, linguística, psicanálise e, principalmente, antropologia – uma marca que se manteve ao longo das décadas e está também presente nos estudos de gênero, que apesar de serem distintos aos da história das mulheres, mantêm fortes relações (Soihet, 1997; Priore, 2007).

A emergência da história das mulheres foi resultado, portanto, de dois movimentos: de um lado, a expansão dos limites da história e, consequentemente, a fundação de um novo campo de estudos; de outro, e especialmente, as campanhas feministas. Dois foram os principais objetivos desse campo nascente: dar voz e visibilidade às mulheres, contando suas histórias; e denunciar as opressões e dominações de que elas foram objeto ao longo dos tempos.

No Brasil, num primeiro momento, a recepção dessas discussões foi (nos termos de Mary del Priore) "morna e irregular" (Priore, 2007, p. 226). A partir da década de 1990, no entanto, esse campo de pesquisa floresceu. Na esteira da chamada *nova história*, então em voga, o desafio de pensar a sexualidade, a criminalidade e os mais diversos desvios das normas e padrões estabelecidos renovou os estudos sobre o universo feminino. Foram realizadas, então, pesquisas sobre ações e lutas das mulheres (tanto em eventos mais contemporâneos quanto em eventos passados; tanto em espaços institucionais e públicos quanto no cotidiano e no ambiente privado); mulheres no trabalho; família e maternidade; sexualidade; e os mais diversos aspectos e casos em que mulheres desafiavam as normas sociais de seus tempos.

> *Vários historiadores, debruçados sobre as fontes egressas das instituições de poder – a Igreja ou o Estado – vunlum os escaninhos da vida social no Brasil colonial e imperial, e também republicano, em busca de práticas que se desviavam da norma no campo dos amores e do imaginário. Surgiram, assim, em artigos, teses ou livros, as histórias das concubinas,*

das prostitutas, das escravas rebeldes, das freiras, das lésbicas, das defloradas, das "mal faladas", das pecadoras, das "doidas", das pobres, das escritoras feministas. (Priore, 2007, p. 227)[10]

Em consonância com o que ocorria nas pesquisas realizadas em outros países, as investigações realizadas no Brasil enfatizavam mulheres de carne e osso, tendo como base casos concretos e específicos, o que levou à consideração das diferenças de condições sociais, étnicas, de raça, de crenças religiosas e de inúmeras outras variáveis. Assim, distintamente dos estudos filosóficos sobre "o feminino" ou sobre "a mulher", a produção historiográfica dedicou-se a pensar *as mulheres*, no plural, de modo a atentar para a diversidade de contextos e condições particulares. Também em consonância com o contexto internacional, a ênfase deslocou-se progressivamente da questão "das mulheres" para a **relação** das mulheres com os homens, e para a maneira como elas estavam inseridas nos mais diversos âmbitos da sociedade – pois o fato é que faziam parte de todos eles, mesmo que de modo subordinado. Já estava estabelecido que a sociedade era machista e patriarcal; interessava, então, conhecer os mecanismos familiares, sociais e políticos que exercem o silenciamento, a violência e a dominação (Priore, 2007).

No Brasil, a história das mulheres implicou também em uma "revolução documental" e uma redescoberta da pesquisa de arquivo – pois elas estavam sub-representadas nas fontes oficiais e tradicionais. Passou-se a revisar arquivos já conhecidos e a investigar documentos até então pouco estudados, com vistas a lançar luz sobre a história

---

10 No original, esse excerto dispõe 13 notas de rodapé, nas quais Priore cita, a cada categoria de estudos, alguns exemplos de produções brasileiras sobre esses temas. Visando à economia do texto, optamos por suprimir essas citações, mas sugerimos que, caso você tenha interesse, consulte o artigo na íntegra.

das mulheres – o mesmo aconteceu com a história de outros grupos subalternos. Foram utilizadas fontes literárias impressas, como romance e biografias; fontes seriais próprias à mídia contemporânea, como jornais e revistas; e computadores (uma novidade, então), que permitiram identificar e sistematizar dados antes virtualmente inacessíveis devido à amplidão do *corpus*.

Além dos desafios metodológicos, houve também importantes debates sobre questões teóricas. A primeira foi a desconstrução do feminino como categoria meramente biológica, essencializada, inalterável e supostamente homogênea. A ideia de gênero foi de grande valia para tanto, pois rejeita o determinismo biológico, ressalta a construção social dos papéis femininos, pensa a mulher em relação ao homem e no contexto mais geral das sociedades e, inclusive, permite superar a contraposição binária homem *versus* mulher, evidenciando que ela não é natural nem permanente. Uma segunda questão, na esteira da afirmação da heterogeneidade das categorias *mulheres* e *feminino*, foi a progressiva articulação da questão de gênero com questões de classe e raça. O amadurecimento dos trabalhos levou então a um passo fundamental: a demanda de que a área se caracterizasse não apenas por uma temática ou tendência descritiva (qual seja, a de descrever as condições vividas por mulheres ao longo da história), mas que ela fosse capaz de formular a especificidade de uma pesquisa sobre as mulheres, ou desde o ponto de vista delas. Quer dizer, diante da constatação da limitação de pensar a especificidade do objeto em questão com base nas categorias analíticas originalmente formuladas pela chamada *história tradicional*, surgiu a demanda pela produção de perspectivas e teorias efetivamente específicas: uma teoria feminista – ou uma teoria *queer*, pensando no escopo mais amplo dos estudos de gênero.

5.3.3 História da África

A história da África tem sido um campo muito profícuo no cenário internacional, fato que tem sido apontado como sinal de uma mudança importante de mentalidades. Contudo, no Brasil, apesar da importância das historiografias sobre a escravidão negra e sobre as relações raciais no país serem temas clássicos desde a primeira metade do século XX, a África não foi objeto de grande atenção.[11]

Foi apenas a partir dos anos 1980, no bojo da ampliação das temáticas pesquisadas e da atenção que passou a ser dedicada a sujeitos e populações até então invisibilizados, que mais investigações sobre o tema passaram a ser realizadas, mas permanecendo ainda o continente como objeto e assunto muito pouco explorado por autores brasileiros. Essa falta ou silêncio retrata o lugar atribuído à África no imaginário e no pensamento social brasileiro: apesar do mito das três raças e das celebrações a respeito das contribuições do negro para a conformação da cultura e sociedade brasileira (celebrações essas que, não raro, ganhavam contornos nacionalistas e ufanistas), o fato é que os historiadores brasileiros, até muito recentemente, não sentiram ser necessário compreender a história africana para pensar e escrever a história do Brasil.

Esse cenário sofreu uma alteração nas últimas décadas, de maneira muito marcada. Segundo Anderson Oliva (2004), o crescente interesse

---

11 *Além de Gilberto Freyre, já referido, outros autores de destaque que se dedicaram a conhecer as sociedades africanas para entender a sociedade e a cultura brasileira foram Nina Rodrigues, Arthur Ramos e, posteriormente, os brasilianistas Roger Bastide (1898-1974), que foi professor da missão francesa na USP; Pierre Verger (1906-1996), fotógrafo e etnólogo autodidata francês que se radicou no Brasil; e Melville Herskovitz (1895-1963), antropólogo americano que realizou e conduziu pesquisas no país. Esses autores, apesar de estrangeiros, visitaram o país ou viveram nele e marcaram profundamente a produção sociológica, antropológica e historiográfica sobre o negro no Brasil.*

pelo tema está associado à instauração dos primeiros núcleos de pesquisas em história da África no país[12], à crescente associação entre investigações acerca do tráfico de escravos e pesquisas sobre o chamado *Mundo Atlântico* (que inclui a África), ao foco internacional no tema e, finalmente, ao conjunto de leis e marcos jurídicos que tornaram obrigatório o ensino da história e da cultura africana e afro-brasileira nas escolas brasileiras (Oliva, 2004, p. 10). O impacto dessa legislação educacional parece, de fato, ter sido definitivo para a emergência da história da África como um profícuo campo na historiografia brasileira, pois, com a obrigatoriedade do ensino, houve uma enorme demanda por mais informações, pesquisas e publicações sobre o tema.

O principal marco jurídico a considerarmos aqui é, sem dúvidas, a Lei n. 10.639, de 9 de janeiro de 2003, que estabeleceu a obrigatoriedade do ensino da história e da cultura afro-brasileira e africana nas escolas do país. Contudo, já em 1999, com a entrada em vigor dos Parâmetros Curriculares Nacionais (PCN) para a área de História e com a publicação dos primeiros Guias de Livros Didáticos organizados para as séries finais do ensino fundamental, a legislação educacional passou a atuar como um fator a estimular o campo de pesquisas sobre as temáticas africanas e afro-brasileiras (Oliva, 2007). Percebe-se, portanto, que o campo da história da África feita no Brasil ganhou notável impulso a partir de uma medida implementada pelo Estado.

---

12 *Segundo Nunes Pereira (2008), os primeiros centros de estudos africanos no país surgiram no contexto de descolonização dos países africanos e de uma política de aproximação diplomática entre Brasil e África nos anos 1960. Eles foram: o Centro de Estudos Afro-Orientais da Universidade Federal da Bahia (CEAO/UFBA), em 1959; o Centro de Estudos Africanos da Universidade de São Paulo (CEA/USP), em 1968; e o Centro de Estudos Afro-Asiáticos, da então Faculdade Cândido Mendes (hoje Universidade Cândido Mendes, Ceaa/Ucam) em 1973.*

É fundamental destacarmos, contudo, que essa legislação não pode ser vista como uma política implementada "de cima para baixo": muito pelo contrário, ela foi fruto de anos de militância e organização da sociedade civil, particularmente do movimento negro.[13]

Na última década, em face da enorme demanda criada por essa nova legislação educacional, a África, sua formação, sua diversidade e a crítica à história de sua colonização passaram a ser objeto de inúmeras pesquisas. Um dos primeiros desafios foi ampliar o foco de análise para além dos estudos afro-brasileiros e enfrentar o imaginário generalizante sobre a África. Houve, então, a necessidade de estabelecer abordagens e perspectivas renovadas. Tem sido grande, por exemplo, o interesse por conhecer e difundir as diferenças internas ao continente (tanto aquelas dadas no espaço, entre suas diversas regiões e países, como aquelas dadas no tempo, em diversos momentos). Tem-se explorado também os processos de resistência de africanos às ocupações coloniais do século XIX, os de independência africana no século XX, o *apartheid*, além de algumas das guerras e tragédias que marcaram a história do continente.

É interessante mencionarmos também que parte dos trabalhos sobre a África tem tentado evitar perspectivas marcadamente ocidentais ou eurocêntricas, procurando apropriar-se de olhares considerados próprios ao universo africano – suas histórias, suas percepções, a produção já existente no continente sobre ele mesmo (Oliva, 2004). Também do ponto de vista metodológico, a África tem apresentado desafios – e grandes oportunidades – para os pesquisadores, especialmente no que concerne aos acervos e fontes: pesquisar a história do

---

13 *Caso você tenha interesse em se aprofundar no assunto, uma referência inicial possível é o artigo de Luena Nunes Pereira (2008), que apresenta as relações entre movimento negro e ensino no Brasil.*

continente africano implica explorar novas fontes. Para alguns assuntos, elas têm se mostrado escassas (tal como no caso com tantas outras temáticas relativas a populações oprimidas ou invisibilizadas). Para todos, de modo geral, existe o fato de que a maior parte dos acervos disponíveis está localizada no estrangeiro, o que implica a necessidade de se realizarem pesquisas de campo dependentes de financiamentos, que permitam viabilizar investigações com custos relativamente elevados, se comparadas a outras áreas. A escrita da história da África no país é, assim, uma tarefa em andamento. Mas parece evidente que deve continuar a ser objeto de grandes interesses e render vários e importantes frutos em um futuro próximo.

Síntese

Neste capítulo, consideramos a produção historiográfica contemporânea no Brasil. Apesar de a formação da historiografia nacional remontar ao século XIX, foi apenas nos anos 1970, com a consolidação de um sistema universitário e a ampliação do número de cursos de ensino superior e de pós-graduação, que passou a ser possível pensar em uma produção propriamente profissional. A nova condição institucional – somada ao movimento internacional de multiplicação de temas e objetos de estudo e às inovações em termos de modelos de escrita, metodologias e fontes disponíveis – propiciou uma importante renovação da disciplina no país. Vimos como a chamada *nova historiografia brasileira* revisitou, de maneira crítica, os clássicos das gerações anteriores, estabelecendo relações tanto de continuidade quanto de ruptura com elas. Temas como *história colonial*, *escravidão negra* e *história política* permaneceram centrais na disciplina, mas foram pensados com base em novos recortes e na perspectiva de outros atores e grupos que não apenas as elites dirigentes do país, assim como em fontes inéditas e referenciais teórico-metodológicos contemporâneos. No mesmo movimento, temáticas que antes eram inexistentes ou, no melhor dos casos, secundárias, terminaram por se configurar como campos de estudos particulares, com arcabouços de problemáticas, discussões e metodologias próprios e estruturados. O cenário hoje colocado é, assim, o de uma produção não apenas numerosa e de grande fôlego, mas também múltipla do ponto de vista dos problemas, temas, objetos, fontes e teorias.

Atividades de autoavaliação

1. Leia atentamente as premissas a seguir e assinale a alternativa correta:

    I) A renovação dos estudos sobre o período colonial brasileiro, que começou a partir da década de 1980 com forte ênfase em aspectos culturais, recuperou as tradições clássicas de autores como Gilberto Freyre, Sérgio Buarque de Holanda e Capistrano de Abreu, mas, em razão da fragmentação e da especialização excessivas, não conseguiu superar as problemáticas elaboradas por esse trio de historiadores.

    II) Nos debates sobre as interpretações a respeito das relações entre senhores e escravos no Brasil, duas posições clássicas de nossa historiografia polarizaram as discussões. De um lado, Gilberto Freyre e seus seguidores defendiam a suposta brandura dos senhores para com os escravos, distinguindo a escravidão brasileira de outras mais violentas. De outro, Florestan Fernandes e a escola sociológica paulista, com substancial pesquisa empírica, argumentavam que não seria possível qualquer tipo de escravidão com brandura e que a brasileira não seria exceção.

III) O período colonial brasileiro ocupa um lugar fundamental nas discussões da nossa historiografia econômica. Para alguns autores, como Caio Prado Jr., esse período é marcado por um processo lento de consolidação da dependência econômica de nosso país em relação às potências capitalistas. Para outros, como Roberto Simonsen, é um período marcado por diversos ciclos econômicos distintos, cada um caracterizado pela exploração de determinado produto primário.

a) Somente as premissas I e II são verdadeiras.
b) Somente as premissas I e III são verdadeiras.
c) Somente as premissas II e III são verdadeiras.
d) Todas as premissas são falsas.

2. Leia atentamente as proposições a seguir. Na sequência, assinale a alternativa correta:

I) Um dos fatores que levou à consolidação da história da historiografia brasileira foi a criação de linhas de pesquisa específicas para discutir teoria e historiografia em alguns dos mais importantes cursos de pós-graduação em História, como a Universidade Federal do Rio Grande do Sul (UFRGS), a Universidade Federal do Rio de Janeiro (UFRJ), a UnB (Universidade de Brasília) e a Universidade Estadual de Campinas (Unicamp).

II) A consolidação da história da historiografia como uma área específica das pesquisas históricas pode ser vista como um sinal claro da transformação de nossa disciplina em um campo, no sentido de Bourdieu. A História, como disciplina, teria crescido a tal ponto que não precisaria mais dialogar com nenhuma outra área, dada sua grande autonomia.

III) Além de historiadores que se dedicam integralmente ao estudo da historiografia, outros autores, com pesquisas consolidadas em outros temas, também têm escrito na área. Essa tendência sinaliza para a centralidade que a história da historiografia passou a ocupar na produção brasileira contemporânea.

a) Somente as proposições I e II são verdadeiras.
b) Somente as proposições I e III são verdadeiras.
c) Somente as proposições II e III são verdadeiras.
d) Todas as proposições são verdadeiras.

3. Leia atentamente os itens a seguir e assinale a alternativa correta:

I) A história das mulheres no Brasil é um campo sem grande expressão ainda, especialmente porque os departamentos de História das principais universidades continuam majoritariamente ocupados por homens.

II) Os estudos de gênero no Brasil são produzidos exclusivamente por mulheres, o que demonstra um criterioso sistema de recrutamento. Sua falta de integração às universidades é, em parte, atribuída a esse recrutamento exclusivo.

III) Os debates promovidos pelas estudiosas de gênero normalmente não atraem o público masculino, porque os temas discutidos dizem respeito unicamente às mulheres. Essa é uma barreira que recentemente vem sendo reforçada pela disposição de algumas mulheres em definitivamente romper os laços de sociabilidade com os homens, dedicando-se daí em diante apenas ao convívio e ao estudo das mulheres.

a) Somente os itens I e II são verdadeiros.
b) Somente os itens I e III são verdadeiros.
c) Somente os itens II e III são verdadeiros.
d) Todos os itens são falsos.

4. Leia atentamente as premissas a seguir e assinale a alternativa correta:

   I) Enquanto a história política tradicional pode ser vista como uma história das classes dominantes, a nova história política, que começou a se firmar a partir dos anos 1960, propõe olhar para os grupos dominados, suas resistências e seus pontos de vista. Com base nisso, pretende mostrar como a política não depende da ação de indivíduos isolados em posições de poder, mas é fruto de uma negociação constante entre diversos sujeitos políticos.

   II) Uma das vertentes da nova história política inspira-se na ideia de que todas as relações humanas são também de poder e, portanto, a política estaria em todos os lugares. Um autor fundamental para esses historiadores é o filósofo francês Michel Foucault, que escreveu em profundidade sobre a microfísica do poder que caracteriza todas as relações humanas.

   III) A história política tradicional, focada nas ações dos governantes e que se pretendia puramente descritiva, perdeu espaço no universo dos historiadores profissionais durante a primeira metade do século XX. Contudo, mais recentemente, ela tem sido recuperada por uma nova historiografia que busca descrever os fatos da maneira mais pura possível, evitando análises ou interpretações que deturpem o que efetivamente aconteceu.

a) Somente as premissas I e II são verdadeiras.
b) Somente as premissas I e III são verdadeiras.
c) Somente as premissas II e III são verdadeiras.
d) Todas as premissas são verdadeiras.

5. Leia atentamente os itens a seguir. Em seguida, assinale a alternativa correta:

I) Um dos elementos que favoreceu o florescimento dos estudos sobre a África foi a criação de uma legislação específica, que tornou obrigatório o ensino de história e cultura africana nas escolas brasileiras.

II) A obrigatoriedade do ensino de história e cultura da África nas escolas foi uma vitória de anos de militância do movimento negro. A esperança desse movimento é que, com a ampliação e a generalização dos conhecimentos sobre sua história e cultura, o racismo estrutural da sociedade brasileira arrefeça e haja melhores oportunidades de integração social.

III) A principal dificuldade para se estudar a história da África é a inexistência de documentação ou arquivos no continente. As informações disponíveis são todas produto da colonização europeia e estão guardadas exclusivamente nos arquivos das antigas metrópoles.

a) Somente os itens I e II são verdadeiros.
b) Somente os itens I e III são verdadeiros.
c) Somente os itens II e III são verdadeiros.
d) Todos os itens são falsos.

Atividades de aprendizagem

Questões para reflexão

1. Tendo em vista a inegável importância do continente africano para a formação brasileira, é no mínimo curioso constatar que a história da África seja uma área de florescimento tão recente de nossa historiografia. Discuta com seus colegas a respeito dos porquês de nossos historiadores terem se dedicado tão pouco ao assunto.

2. A história das mulheres e os estudos de gênero vêm, cada vez mais, ocupando lugar de destaque nas discussões de nossa historiografia. Discuta com seus colegas a respeito das principais contribuições teóricas dessas áreas para a reflexão historiográfica, para além da valorização do papel das mulheres na história.

Atividade aplicada: prática

1. Com base nas discussões deste capítulo e do anterior, recupere o debate clássico da historiografia brasileira em que as ideias de Gilberto Freyre a respeito da suposta "brandura" da escravidão brasileira são atacadas e desconstruídas pelo trabalho de Florestan Fernandes e de Roger Bastide. Procure ler as obras desses autores e, pelo menos, de um comentador contemporâneo que tenha se ocupado da celeuma. Depois, faça uma rodada de discussão com seus colegas.

Considerações finais

Os diversos contextos que apresentamos ao longo deste livro são apenas uma fração da multiplicidade de abordagens, teorias, autores e contextos que você vai encontrar ao longo de sua carreira na história. Além disso, são somente indicações introdutórias, que você precisará explorar com mais profundidade e, de preferência, em primeira mão, lendo as próprias obras que analisamos, para avaliar suas interpretações do passado. Nossa intenção foi oferecer um primeiro guia para que você navegue nesse universo denso e complexo dos textos historiográficos.

Como dissemos no início deste trabalho, para ler bem os textos produzidos por historiadores, você precisará tratar essas obras como documentos históricos, explorando justamente suas historicidades. Nesse sentido, é importante olhar para esse material como produto de um contexto, uma sociedade, um universo intelectual. Sendo assim, é preciso que você entenda os elementos que caracterizam tal contexto, sociedade e universo para que seja capaz de dar sustentação a suas leituras e consiga analisar com qualidade as interpretações dos outros historiadores.

Acreditamos ter ficado claro, ao longo deste livro, que as tendências da nossa disciplina, em geral, são para a multiplicidade de temas, objetos, fontes e teorias, que as problemáticas são cada vez mais variadas, que há uma infinidade de especialidades e, finalmente, que, acompanhando a expansão universitária da última década, a historiografia brasileira provavelmente vai continuar no sentido da multiplicação e da diversificação. Isso significa que nós, historiadores, vamos cobrir mais terrenos, produzir mais trabalhos interessantes e, ao mesmo tempo, tornar ainda mais complexos os cenários da historiografia contemporânea. Movimentar-se nesse mar agitado não é tarefa fácil, mas é uma empreitada possível, desde que realizada com objetivos claros e algum método.

Referências

AXT, G.; SCHÜLER, F. (Org.). **Intérpretes do Brasil**: cultura e identidade. Porto Alegre: Artes e Ofícios, 2004.

BATALHA, C. A historiografia da classe operária no Brasil: trajetória e tendências. In: FREITAS, M. C. (Org.). **Historiografia brasileira em perspectiva**. São Paulo: Contexto, 2007. p. 145-158.

BHABHA, H. **O local da cultura**. Belo Horizonte: Ed. da UFMG, 1998.

BORGES, V. Anos trinta e política: história e historiografia. In: FREITAS, M. C. (Org.). **Historiografia brasileira em perspectiva**. São Paulo: Contexto, 2007. p. 159-182.

BOTTOMORE, T. Nova esquerda. In: OUTHWAITE, W.; BOTTOMORE, T. (Org.). **Dicionário do pensamento social do século XX**. Rio de Janeiro: J. Zahar, 1996. p. 530-531.

BOURDIEU, P. A ilusão biográfica. In: BOURDIEU, P. **Razões práticas**: sobre a teoria da ação. São Paulo: Papirus, 1996a p. 74-82.

BOURDIEU, P. **As regras da arte**: gênese e estrutura do campo literário. São Paulo: Companhia das Letras, 1996b.

BOURDIEU, P. Por uma ciência das obras. In: BOURDIEU, P. **Razões práticas**: sobre a teoria da ação. São Paulo: Papirus, 1996c. p. 53-73.

BRAUDEL, F. **O modelo italiano**. São Paulo: Companhia das Letras, 2007.

BURKE, P. (Org.). **A escrita da história**: novas perspectivas. São Paulo: Ed. da Unesp, 1992.

BURKE, P. **A revolução francesa da historiografia**: a escola dos Annales 1929-1989. São Paulo: Ed. da Unesp, 1991.

BURKE, P. **História e teoria social**. São Paulo: Ed. da Unesp, 2002.

CALVINO, I. **As cidades invisíveis**. São Paulo: M. Fontes, 1990.

CALVINO, I. **Por que ler os clássicos**. São Paulo: Companhia das Letras, 1993.

CANDIDO, A. O significado de Raízes do Brasil. In: HOLANDA, S. B. **Raízes do Brasil**. São Paulo: Companhia das Letras, 1995. p. 9-21.

CARDOSO, C. F.; VAINFAS, R. (Org.). **Domínios da história**: ensaios de teoria e metodologia. Rio de Janeiro: Campus, 1997.

CARDOSO, C. F.; VAINFAS, R. **Novos domínios da história**. Rio de Janeiro: Campus, 2011.

CARVALHO, J. M. de. **A construção da ordem/Teatro de sombras**. Rio de Janeiro: Civilização Brasileira, 2003.

CASTRO, C. **Evolucionismo cultural**: textos de Morgan, Tylor e Frazer. Rio de Janeiro: Zahar, 2005.

CERTEAU, M. de. **A escrita da história**. São Paulo: Forense, 2011a.

CERTEAU, M. A operação historiográfica. In: CERTEAU, M. **A escrita da história**. São Paulo: Forense, 2011b. p. 65-130.

CÉZAR, T. Varnhagen em movimento: breve antologia de uma existência. **Topoi**, v. 8, n. 15, p. 159-207, jul./dez. 2007.

CHARTIER, R. **À beira da falésia**: a história entre as certezas e inquietude. Porto Alegre: Ed. da UFRGS, 2002.

COMTE, A. **Comte**: sociologia. São Paulo: Ática, 1978. (Coleção Grandes Cientistas Sociais).

DECCA, E. S. de. Ensaios de cordialidade em Sérgio Buarque de Holanda. In: AXT, G.; SCHÜLER, F. (Org.). **Intérpretes do Brasil**: cultura e identidade. Porto Alegre: Artes e Ofícios, 2004. p. 214-228.

DURKHEIM, E. **Da divisão do trabalho social**. São Paulo: M. Fontes, 2010.

ECO, U. **Interpretação e superinterpretação**. São Paulo: M. Fontes, 2001.

FANON, F. **Pele negra, máscaras brancas**. Salvador: EDUFBA, 2008.

FERNANDES, F. A visão do amigo. In: D'INCAO, M. **História e ideal**. São Paulo: Ed. Unesp/Brasiliense/Secretaria de Estado da Cultura de São Paulo, 1989. p. 25-40.

FLORENTINO, M. Introdução. **Revista Brasileira de História**, São Paulo, v. 26, n. 52, p. 11-13, dez. 2006. (Dossiê sobre Escravidão).

FLORENTINO, M.; FRAGOSO, J. L. **O arcaísmo como projeto**: mercado atlântico, sociedade agrária e elite mercantil em uma economia colonial tardia, Rio de Janeiro, c. 1790-c. 1840. Rio de Janeiro: Civilização Brasileira, 2001.

FORTES, A.; MATTOS, H. Introdução. **Revista Brasileira de História**, São Paulo, v. 35, n. 69, jan./jun. 2015. (Dossiê Pós-abolição no Mundo Atlântico).

FORTES, A.; NEGRO, A.; FONTES, P. Peculiaridades de E. P. Thompson. In: THOMPSON, E. P. **As peculiaridades dos ingleses e outros artigos**. Organização de Alexandre Negro e Sérgio Silva. Campinas: Ed. da Unicamp, 2001. p. 21-58.

FOUCAULT, M. **A arqueologia do saber**. Rio de Janeiro: Forense Universitária, 2008.

FOUCAULT, M. **Microfísica do poder**. Rio de Janeiro: Paz e Terra, 2014.

FREITAS, M. C. de (Org.). **Historiografia brasileira em perspectiva**. São Paulo: Contexto, 2007.

GAY, H.; HAMPSON, N. Iluminismo. In: OUTHWAITE, W.; BOTTOMORE, T. (Org.). **Dicionário do pensamento social do século XX**. Rio de Janeiro: J. Zahar, 1996. p. 375-377.

GERMANO, J. W. O discurso político sobre a educação no Brasil autoritário. **Cadernos Cedes**, Campinas, v. 28, n. 76, p. 313-332, set./dez. 2008.

GIDDENS, A. **Sociologia**: uma breve porém crítica introdução. Rio de Janeiro: Zahar, 1984.

GINZBURG, C. **O queijo e os vermes**. São Paulo: Companhia das Letras, 1987.

GODOY, J. M. T. de. Formas e problemas da historiografia brasileira. **História Unisinos**, v. 13, n. 1, p. 66-77, jan./abr. 2009.

GOYATA, J. **George Bataille e Michel Leiris**: a experiência do sagrado. São Paulo: Humanitas/Fapesp, 2016.

HALBWACHS, M. **A memória coletiva**. São Paulo: Centauro, 2006.

HOBSBAWM, E. **Era dos extremos**: o breve século XX (1914-1991). São Paulo: Companhia das Letras, 1995.

HOLANDA, S. B. **Raízes do Brasil**. São Paulo: Companhia das Letras, 1995.

HOLLIS, M. Racionalidade e razão. In: OUTHWAITE, W.; BOTTOMORE, T. (Org.). **Dicionário do pensamento social do século XX**. Rio de Janeiro: J. Zahar, 1996. p. 640-641.

HONNETH, A. Escola de Frankfurt. In: OUTHWAITE, W.; BOTTOMORE, T. (Org.). **Dicionário do pensamento social do século XX**. Rio de Janeiro: J. Zahar, 1996. p. 242-245.

IGLÉSIAS, F. **Historiadores do Brasil**: capítulos da historiografia brasileira. Rio de Janeiro: Nova Fronteira; Belo Horizonte: Ed. da UFMG, 2000.

IGLÉSIAS, F. Introdução: um historiador revolucionário. In: PRADO JR., C. **Caio Prado Júnior**: história. São Paulo: Ática, 1982. p. 7-44.

LADURIE, E. **Montaillou**: povoado occitânico, de 1294-1324. São Paulo: Companhia das Letras, 1997.

LAPA, J. R. do A. **A história em questão**: historiografia brasileira contemporânea. Rio de Janeiro: Vozes, 1981.

LAPLANTINE, F. **Aprender antropologia**. São Paulo: Brasiliense, 2003.

LATOUR, B. **Jamais fomos modernos**: ensaio de antropologia simétrica. Rio de Janeiro: Ed. 34, 1994.

LEVI, G. **A herança imaterial**: trajetória de um exorcista no Piemonte do século XVII. Rio de Janeiro: Civilização Brasileira, 2000.

LEVI, G. Sobre a micro-história. In: BURKE, P. (Org.). **A escrita da história**: novas perspectivas. São Paulo: Unesp, 1992. p. 133-162.

MAIO, M. O projeto UNESCO e a agenda das ciências sociais no Brasil dos anos 40 e 50. **Revista Brasileira de Ciências Sociais**, São Paulo, v. 14, n. 41, p. 141-158, out. 1999.

MARQUES, L. **Capitalismo e colapso ambiental**. Campinas: Ed. da Unicamp, 2015.

MARTINS, E. de R. Conhecimento histórico e historiografia brasileira contemporânea. **Revista Portuguesa de História**, n. 42, p. 197-217, 2011.

MICELI, S. (Org.). **História das ciências sociais no Brasil**. São Paulo: Sumaré, 2001.

MICELI, S. **Intelectuais e classe dirigente no Brasil (1920-1945)**. São Paulo: Difel, 1979.

MORAES, E. R. **O corpo impossível**: a decomposição da figura humana – de Lautréamont a Bataille. São Paulo: Iluminuras, 2012.

MOTA, C. G. **Ideologia da cultura brasileira**. São Paulo: Ática, 1977.

O'BRIEN, M.; PENNA, S. **Theorising Welfare**: Enlightenment and Modern Society. London: Sage Publications, 1998.

OLIVA, A. R. A história da África em perspectiva. **Revista Múltipla**, ano 9, n. 16, v. 10, p. 9-40, jun. 2004.

OLIVA, A. R. **Lições sobre a África**: diálogos entre as representações dos africanos no imaginário ocidental e o ensino da história da África no Mundo Atlântico (1990-2005). 415 f. Tese (Doutorado em História) – Universidade de Brasília, Brasília, 2007.

OUTHWAITE, W.; BOTTOMORE, T. Prefácio. In: OUTHWAITE, W.; BOTTOMORE, T. (Org.). **Dicionário do pensamento social do século XX**. Rio de Janeiro: J. Zahar, 1996. p. vii-viii.

PEREIRA, L. N. N. O ensino e a pesquisa sobre África no Brasil e a Lei 10.639. In: LECHINI, G. (Org.). **Los estudios africanos en América Latina**: herencia, presencia y visiones del outro. Buenos Aires: Clacso, 2008. p 253-276.

PRADO JR., C. **Formação do Brasil contemporâneo**. São Paulo: Companhia das Letras, 2011.

PRIORE, M. História das mulheres: as vozes do silêncio. In: FREITAS, M. (Org.). **Historiografia brasileira em perspectiva**. São Paulo: Contexto, 2007. p. 217-236.

QUEIRÓZ, S. Escravidão negra em debate. In: FREITAS, M. C. de (Org.). **Historiografia brasileira em perspectiva**. São Paulo: Contexto, 2007. p. 103-118.

QUINTANEIRO, T.; BARBOSA, M. L. de O.; OLIVEIRA, M. G. M. de. **Um toque de clássicos**: Marx, Durkheim e Weber. Belo Horizonte: Ed. da UFMG, 2002.

REIS, J. C. **A história entre a filosofia e a ciência**. São Paulo: Autêntica, 1999.

REIS, J. C. **As identidades do Brasil**: de Varnhagen a FHC. Rio de Janeiro: Ed. da FGV, 2002.

REVEL, J. (Org.). **Jogos de escalas**: a experiência da microanálise. Rio de Janeiro: Ed. da FGV, 1998.

ROIZ, D. da S. **Os caminhos (da escrita) da história e os descaminhos de seu ensino**: a institucionalização do ensino universitário de História na Faculdade de Filosofia, Ciências e Letras da Universidade de São Paulo (1934-1968). Curitiba: Appris, 2012.

SAID, E. **Orientalismo**: o Oriente como invenção do Ocidente. São Paulo: Companhia das Letras, 2007.

SCHAFF, A. **História e verdade**. São Paulo: M. Fontes, 1995.

SCHWARZ, R. **As ideias fora do lugar**. São Paulo: Companhia das Letras, 2014.

SILVA, N. L. da; FERREIRA, M. de M. Expansão do ensino superior de história em direção ao interior: a formação do campo em Goiás. **História Revista**, Goiânia, v. 21, n. 1, p. 131-153, jan./abr. 2016.

SILVA, R. F. da. A história da historiografia e o desafio do giro linguístico. **Revista História da Historiografia**, Ouro Preto, n. 17, p. 377-395, abr. 2015.

SOIHET, R. História das mulheres. In: CARDOSO, C. F.; VAINFAS, R. (Org.). **Domínios da história**: ensaios de teoria e metodologia. Rio de Janeiro: Campus, 1997. p. 399-429.

SOUZA, L. de M. e. Aspectos da historiografia da cultura sobre o Brasil colonial. In: FREITAS, M. C. (Org.). **Historiografia brasileira em perspectiva**. São Paulo; Contexto, 2007. p. 17-38.

SOUZA, L. de M. e. **Desclassificados do ouro**: a pobreza mineira no século XVIII. Rio de Janeiro: Graal, 1981.

SOUZA, L. de M. e. **Inferno atlântico**: demonologia e colonização. São Paulo: Companhia das Letras, 1993.

SOUZA, L. de M. e. **O diabo e a Terra de Santa Cruz**: feitiçaria e religiosidade popular no Brasil colonial. São Paulo: Companhia das Letras, 1986.

SOUZA, L. de M. e; NOVAES, F. A. (Org.). **História da vida privada no Brasil**: cotidiano e vida privada na América portuguesa. São Paulo: Companhia das Letras, 1997.

SPIVAK, G. **Pode o subalterno falar?** Belo Horizonte: Ed. da UFMG, 2010.

TODOROV, T. **A conquista da América**: a questão do outro. São Paulo: M. Fontes, 2003.

UNESCO – Organização das Nações Unidas para a Educação, a Ciência e a Cultura. **Declaração Universal sobre a Diversidade Cultural**. 2002. Disponível em: <http://unesdoc.unesco.org/images/0012/001271/127160por.pdf>. Acesso em: 14 jun. 2017.

WALLERSTEIN, I. **World-Systems Analysis**: an Introduction. Durham: Duke University Press, 2004.

WEBER, M. Ciência como vocação. In: WEBER, M. **Ciência e política**: duas vocações. São Paulo: Cultrix, 2004. p. 17-54.

WEBER, M. **Economia e sociedade**. Brasília: Ed. da UnB, 2009.

WHITE, H. **Meta-história**: a imaginação histórica do século XIX. São Paulo: Edusp, 2008.

WIGGERSHAUS, R. **A escola de Frankfurt**: história, desenvolvimento teórico, significação política. Rio de Janeiro: Difel, 2002.

ZOREK, B. de M. **Concepções de sujeito e objeto do conhecimento na obra histórica de Caio Prado Jr.** Dissertação (Mestrado em História) – Universidade Federal do Rio Grande do Sul, Porto Alegre, 2007.

Bibliografia comentada

BOURDIEU, P. **As regras da arte**: gênese e estrutura do campo literário. São Paulo: Companhia das Letras, 1996.

Nesse livro, Bourdieu realiza um estudo empírico sobre a formação do campo artístico francês na segunda metade do século XIX. O sociólogo examina as condições sociais que permitiram o surgimento e a consolidação de práticas e valores cultivados por escritores e artistas que se tornaram um grupo social distinto, com um espaço de atuação próprio e exclusivo. Em outras palavras, Bourdieu estuda o processo de constituição da maneira distintiva de estar no mundo dos escritores e artistas (*habitus*) e, concomitantemente, a construção das bases sociais que sustentam e justificam tal distinção (campo).

BOURDIEU, P. **Razões práticas**: sobre a teoria da ação. São Paulo: Papirus, 1996.

Esse livro é uma excelente introdução ao pensamento do sociólogo francês. A obra é uma seleção de artigos escritos pelo autor para ocasiões diversas. Cada um dos textos trata de aspectos diferentes da teoria social elaborada por ele, discutindo conceitos como *espaço social, campo, habitus, capital simbólico, revolução, reprodução, distinção* etc. O eixo que articula os artigos entre si é a teoria da ação, que procura explicar as razões que orientam as práticas dos agentes sociais.

BURKE, P. (Org.). **A escrita da história**: novas perspectivas. São Paulo: Ed. da Unesp, 1992.

Nessa obra, Peter Burke reúne artigos de vários autores de grande destaque na historiografia mundial. Cada texto discute uma tendência importante da disciplina, conforme a conjuntura do início da década de 1990. O eixo organizador do livro são os efeitos do "giro cultural" para a história; por isso, temas como *história econômica* ou *metodologias quantitativistas* não são abordados. Merecem destaque os artigos "História das mulheres", de Joan Scott; "Sobre a micro-história", de Giovanni Levi; e "História da leitura", de Robert Darnton.

BURKE, P. **A revolução francesa da historiografia**: a escola dos Annales 1929-1989. São Paulo: Ed. da Unesp, 1991.

Esse livro apresenta uma visão compreensiva sobre a formação e as diversas fases que caracterizaram esse movimento da historiografia francesa. Os principais movimentos da obra são as análises: 1) da criação da revista, com destaque para Marc Bloch e Lucian Febvre, bem como para sua defesa de uma historiografia inovadora e disposta ao diálogo com outras ciências sociais; 2) da consolidação dos Annales como a historiografia dominante na França, quando Fernand Braudel e sua história quantitativa, serial e de longa duração ocupam o primeiro plano; e 3) da terceira geração dos Annales, quando há um retorno da narrativa, uma valorização de aspectos culturais nas análises e uma significativa fragmentação dos objetos de pesquisa.

CARDOSO, C. F.; VAINFAS, R. (Org.). **Domínios da história:** ensaios de teoria e metodologia. Rio de Janeiro: Campus, 1997.

Esse livro reúne 16 ensaios de renomados pesquisadores brasileiros, além da introdução redigida pelos organizadores, e versa sobre problemas teóricos e metodológicos que estruturaram a produção historiográfica mundial nas últimas décadas. Ele configura um amplo e interessante panorama dos campos de investigação que se estabeleceram na história recentemente, assim como dos principais problemas, conceitos e debates que têm animado a disciplina. É importante destacar que, por ter sido redigido por autores brasileiros, a seleção de temas nesse livro termina por revelar o universo de interesses presente na historiografia de nosso país. Portanto, essa obra pode ser útil tanto para conhecer o panorama internacional contemporâneo de debates da disciplina quanto para situar a maneira como essas discussões estão colocadas para os pesquisadores brasileiros.

ECO, U. **Interpretação e superinterpretação.** São Paulo: M. Fontes, 2001.

Essa obra reproduz os debates das *Conferências Tanner*, de 1990, realizados na Universidade de Cambridge na Inglaterra, quando Umberto Eco foi convidado como principal conferencista. A primeira parte do livro é composta pelas três palestras de Eco apresentadas na ocasião, nas quais ele discute diferentes aspectos de sua visão sobre a interpretação de obras literárias. Na segunda parte, Richard Rorty, Jonathan Culler e Christine Brooke-Rose, três intelectuais de renome, debatem as ideias de Eco de maneira instigante e provocadora. Finalmente, o livro termina com as respostas do escritor italiano a seus debatedores.

FREITAS, M. C. de (Org.). **Historiografia brasileira em perspectiva**. São Paulo: Contexto, 2007.

Essa coletânea de artigos escritos por renomados pesquisadores brasileiros constitui uma cartografia dos principais movimentos da historiografia do Brasil no século XX e apresenta as inovações teóricas e metodológicas, além de algumas das temáticas que ganharam importância no período. Tendo como base a proposição de que estudar historiografia é atentar para o "fazer" da pesquisa, o livro se estrutura em duas partes. Na primeira, dedicada aos "olhares sobre as fontes", há revisões críticas sobre autores, temáticas e fontes clássicas da historiografia brasileira. Na segunda, sobre "novas fontes para novos olhares", o destaque é para os novos campos históricos que emergiram na disciplina.

HOBSBAWM, E. **Era dos extremos**: o breve século XX (1914-1991). São Paulo: Companhia das Letras, 1995.

Esse livro apresenta um rico e interessante relato sobre a série de eventos – violentos e catastróficos, em sua maioria – que marcaram o século XX, e contém valiosas indicações de seus desdobramentos na vida social, política, artística e intelectual. O autor desenha a passagem do mundo e do ideário moderno, legado pelo século XIX, para um novo estado de coisas que, se bem é difícil de definir em termos de uma pós-modernidade ou de uma nova modernidade, certamente é distinto do que estava antes colocado.

IGLÉSIAS, F. **Historiadores do Brasil**: capítulos da historiografia brasileira. Rio de Janeiro: Nova Fronteira; Belo Horizonte: Ed. da UFMG, 2000.

Essa é uma obra póstuma de Francisco Iglésias, um dos historiadores brasileiros mais respeitados do século XX. O livro reúne uma série de notas e ensaios, nas quais o autor tece comentários sobre praticamente todos os principais clássicos da nossa historiografia. Trata-se de uma coletânea de textos bastante desiguais, tanto no que se refere à extensão dos ensaios quanto em relação aos temas e autores analisados, pois foram escritos ao longo da carreira do autor para ocasiões e finalidades distintas. Ainda assim, é uma importante obra de referência para conhecer e estudar a produção historiográfica brasileira.

OUTHWAITE, W.; BOTTOMORE, T. (Org.). **Dicionário do pensamento social do século XX**. Rio de Janeiro: J. Zahar, 1996.

Esse dicionário é uma valiosa ferramenta de referência para os interessados no pensamento social do século XX. Ele apresenta verbetes curtos, porém críticos e bastante abrangentes, acompanhados de referências bibliográficas e leituras sugeridas, que foram redigidos por um conjunto de especialistas renomados. Nele você encontrará informações e comentários sobre conceitos, movimentos, escolas e teorias das ciências sociais da filosofia, de diversas doutrinas políticas, assim como de movimentos e estilos das artes que marcaram o século XX.

REIS, J. C. **As identidades do Brasil**: de Varnhagen a FHC. Rio de Janeiro: Ed. da FGV, 2002.

José Carlos Reis discute interpretações clássicas do Brasil elaboradas por uma série de intelectuais, cronologicamente começando com Francisco Adolfo Varnhagen e encerrando com Fernando Henrique Cardoso. Reis procura demonstrar a interdependência entre as ideias apresentadas por esses autores e o contexto nos quais elas foram produzidas, além de chamar a atenção para as sedimentações de determinadas interpretações na produção das identidades do país ao longo do tempo.

THOMPSON, E. P. **As peculiaridades dos ingleses e outros artigos**. Organização de Alexandre Negro e Sérgio Silva. Campinas: Ed. da Unicamp, 2001.

Esse livro, organizado por Alexandre Negro e Sérgio Silva, apresenta uma seleção de textos do historiador E. P. Thompson. O artigo que dá nome à obra é um importante posicionamento desse autor na discussão da historiografia marxista britânica sobre os usos do marxismo e de outras teorias sociais na interpretação do passado. Para Thompson, o estruturalismo, que havia se tornado hegemônico entre os marxistas da época, era inadequado como ferramenta interpretativa, pois explicava a realidade histórica com base em teorias pré-fabricadas, em vez de examinar empiricamente essas realidades e derivar desse exame as interpretações.

WIGGERSHAUS, R. **A escola de Frankfurt**: história, desenvolvimento teórico, significação política. Rio de Janeiro: Difel, 2002.

Nessa obra densa e fartamente documentada, Rolf Wiggerhaus discute a história da escola de Frankfurt, cruzando análises das obras produzidas pelos frankfurtianos, das trajetórias dos seus membros, bem como dos contextos políticos, sociais e institucionais que afetaram a escola ao longo do século XX. Além disso, este livro é um excelente exemplo de história intelectual que, sem necessariamente assumir uma postura oposta à apresentada aqui, analisa seu objeto por meio de um referencial teórico diferente do nosso.

Respostas

Capítulo 1

1. d
2. c
3. b
4. a
5. c

Capítulo 2

1. d
2. d
3. c
4. a
5. b

Capítulo 3

1. a
2. c

3. b
4. a
5. a

Capítulo 4

1. d
2. a
3. b
4. d
5. a

Capítulo 5

1. c
2. b
3. d
4. a
5. a

Sobre os autores

Lorena Avellar de Muniagurria é formada em Ciências Sociais pela Universidade Federal do Rio Grande do Sul (UFRGS). É mestre em Antropologia, também pela UFRGS, com a dissertação *Ganhar o olhar: estudo antropológico de ações de mediação em exposições de artes visuais*, e doutora em Antropologia pela Universidade de São Paulo (USP), com a tese *As políticas da cultura: uma etnografia de trânsitos, encontros e militância na construção de uma política nacional de cultura*.

Bruno de Macedo Zorek é formado em História pela Universidade Federal do Paraná (UFPR), mestre em História pela Universidade Federal do Rio Grande do Sul (UFRGS), com a dissertação *Concepções de sujeito e objeto do conhecimento na obra histórica de Caio Prado Jr.*, e doutorando em História pela Universidade Estadual de Campinas (Unicamp) com a tese, em elaboração, intitulada *A história do futuro da cidade de São Paulo na década de 1950*.

Impressão:
Fevereiro/2023